KB237536

잭 웰치

차례
Contents

들어가며

잭 웰치를 처음 만났을 때 작은 체구와 벗겨진 머리, 수수해 보이는 그의 인상은 세계 기업사의 현존하는 영웅의 모습과는 거리가 있어 보였다. 하지만 위기관리 컨설턴트가 된 후 다시 바라본 잭 웰치는 위기를 활용해 성장하는 방법을 알고 있는 사람이었고, 실패를 딛고 끊임없는 도전으로 결국 승리하고야 말았던 강한 사람이었다. 그렇기에 그가 지휘한 GE도 안개가 자욱한 최악의 위기에서 벗어나 세계 최고의 기업으로 성공할 수 있었다.

잭 웰치를 직접 만날 수 있도록 기회를 주었던 강웅구 상무님, 백정석 박사님 그리고 당시 태어난 아들 하준영에게 감사를 드린다. 이 책을 쓰게 한 원동력이다.

잭 웰치와 GE

거선 GE(General Electric Company)가 위기에서 벗어나려면 스피드보트로 변해야 했다. 이를 위해 새로운 제도를 만들어야 했으며, 그 제도 위에서 빠르게 뛰어다녀야 할 새로운 인재가 필요했다. 권위주의를 타파하고 조직의 스피드를 키우기 위해 끝없는 리스트럭처링을 단행하고, 워크아웃을 통해 토론하는 문화를 만들고, 벽 없는 조직을 외쳤다. 이제 변화를 주도할 핵심인재와 세계화, 서비스, 6시그마, e-비즈니스와 같은 GE의 이니셔티브가 필요했다. 변화와 개혁의 끝은 없었다.

위기경영 전도사 잭 웰치, 슬로언의 명성을 잇다

GE는 1878년 토마스 에디슨(Thomas Edison)이 자신의 발명품인 전구를 상업화하기 위해 30만 달러의 자본금으로 창업한 에디슨 전구(Edison Electric Light)에서 출발해 1892년 톰슨 휴스톤 전기회사(Thomson Huston Electric Company)와 합병하면서 현재의 이름으로 개명했다.

그로부터 100여 년이 흐른 뒤 다른 미국 기업들과 마찬가지로 매우 어려운 상황에 직면했다. 당시 미국 기업들은 가격·스피드·품질 면에서 일본 기업들에게 뒤처지며 고전하기 시작했고, 설상가상으로 GE는 쓰리 마일 아일랜드(Three Mile Island) 사고 이후 악화된 여론으로 인해 주력 제품인 발전기 수주에도 어려움을 겪고 있었다.

잭 웰치가 레그 존스(Reginald Jones)에게 회장직 바통을 넘겨받을 1981년 당시 GE의 매출액은 280억 달러, 순이익은 16억 달러 규모였다. 1970~1980년대 내내 GE는 사업 다각화를 통해 기업 확장에 나섰지만 그 결과는 경쟁력 저하로 매출은 계속 하락추세에 있었다. 부실한 이익률이 적자로 전환되는 것은 시간문제인 듯했다. 이런 상황에서 등장한 잭 웰치는 재임 기간 동안의 성적표가 말해 주듯 GE를 구한 영웅이었다.

1998년 매출액 1,000억 달러를 넘겼으며 순이익은 100억 달러에 육박했다. 이 중 해외매출 비중은 총 매출의 43퍼센트에 달했으며, 총자산 3,500억 달러에 시가총액 기준 시장가치는 3,300억 달러에 이르렀다. 잭 웰치가 퇴임하기 직전인 2000년에는 매출 1,300억 달러, 순이익 127억 달러로 증가했다. 자본 수익률은 20퍼센트 수준을 기록하며, 당시 미국 평균 12퍼센트를 훨씬 초과했다.

2000년 GE는 주식가치가 4,608배로 상승했음을 대대적으로 발표했다. 초창기인 1899년 이후 분기당 배당금을 계속 지급했고 1975년 이후 배당액은 매년 꾸준히 증가했지만, 잭 웰치가 회장이 된 1981년 이후 주주들의 수익률은 폭발적으로 증가했다. 결국 1926년 GE 주식 1주를 사서 2000년까지 74년간 보유했다면 주식분할과 배당을 통해 총 보유 주식 수는 4,608주로 늘었다는 뜻이다.

GE는 1896년 다우존스산업평균지수(Dow Jones Industrial Average)가 발표했던 우량기업 리스트에 있던 기업 중 현재까지 생존하고 있는 유일한 기업이기도 하다. GE의 재무제표와 주식가치는 절체절명의 위기에서 기업을 맡아 위기를 극복하고 새로운 조직으로 탈바꿈시킨 잭 웰치의 성공을 단적으로 보여 주는 성적표이다.

잭 웰치는 취임 직후부터 구조조정과 인수합병을 통해 기업의 경쟁력을 강화시켰다. 사업구조 및 조직 혁신 등 지속적인 한 방향으로의 개혁 결과 1991년 시가총액에서 IBM(International Business Machines Corporation)을 추월했으며, 1995년 사상 최초로 1,000억 달러를 넘어섰다. 그 후 1996년 1,500억 달러를 넘으면서 미국에서 가장 수익성이 높은 기업으로 평가받았다.

이와 같은 업적을 토대로 1997년 잭 웰치의 이름은 기업가 명예의 전당에 올라갔다. 1998년 3,000억 달러, 2000년 당시 GE의 시장가치는 5,300억 달러로 세계 최고의 기업이 됐으며, 잭 웰치의 연봉 역시 9,400만 달러로 CEO 중 최고 수준을 기록했다. 이와 같은 가치는 퇴임 후까지 이어졌다. 퇴임 시 출간했던 자서전은 역대 최고 판권료인 760만 달러를 기록했으며, 현재 세 번째 부인 수지 웰치(Suzy Welch)와 함께 쓰고 있는 시리즈도 이에 버금가고 있다. 퇴임 후 잭 웰치 강연료는 회당 평균 20만 달러에 육박한다.

난세에는 영웅을 기다린다. 현실이 어려울 때면 더욱 그렇다. 가난한 이민자 가정에서 태어나 경영자로서 최고의 자리까지 오른 잭 웰치는 많은 이들이 바라는 이상적인 영웅의 모습을 그대로 보여 주고 있다. 하지만 끊임없는 경쟁과 도전, 시련과 위기 속에서 생존하기 위한 힘겨운 노력은 시사하는 바가 크다. 잭 웰치의 성공은 치열한 경쟁 덕택이라고 해도 과언이 아니다.

2001년 9월 7일, GE의 잭 웰치는 자신의 후계자인 제프 이멜트(Jeffrey R. Immelt)에게 회장 자리를 승계하고 21년 동안 있던 회장직에서 물러났다. 잭 웰치는 재임기간 내내 '중성자탄 잭(Neutron Jack)' 신드롬을 전 세계에 유행시켰고, 가장 성공했을 때 물러났다.

퇴임 후에도 역시 그의 명성과 후광은 빛을 잃지 않았다. 20세기 초반 역사상 가장 위대한 경영자로 평가받고 있는

GM(General Motors)사의 알프레드 슬로언(Alfred P. Sloan Jr.)과 어깨를 나란히 하며 20세기 후반을 대표하는 경영자로 인정받고 있다.

「포천(Fotune)」은 3년 연속으로 GE를 세계에서 가장 존경받는 기업 1위, 미국 내 최고 가치창출 기업 1위로 선정했으며, 미국을 대표하는 500대 기업 안에 GE의 11개 사업 부문 중 9개나 포함시켰다.

또한 잭 웰치를 가장 존경받는 경영자로 선정했고, 위기에 빠져있던 NBA(National Basketball Association)를 세계 최고 인기 스포츠로 격상시켰던 마이클 조던(Michael Jeffrey Jordan)처럼 침체된 미국 주식시장에 활기를 불어넣어 준 잭 웰치를 월 스트리트(Wall Street)의 마이클 조던이라고 칭송했다.

「파이낸셜 타임스(Fianacial Times)」도 GE와 잭 웰치에 대해 가장 존경받는 기업 및 경영자 부문에서 모두 압도적 1위로 선정했다. 「포브스(Forbes)」는 세계 100대 초우량 기업 중 1위, 「비즈니스 위크(Business Week)」에서는 1,000개 세계 초우량 기업 중 1위로 발표했다.

또한 잭 웰치에게 붙는 수식어는 주요 수상을 할 때마다 늘어났다. 경영의 마술사, 경영의 신, 경영 대통령, 위기경영 전도사, 걸어 다니는 경영학 사전 등 수많은 애칭과 찬사를 누려왔다.

하지만 사람은 누구나 실패를 경험한다. 이름 그대로 세계 최고의 자리에 있던 최고 경영자 잭 웰치도 마찬가지였다. 잭 웰치의 경영방식에 대해 수많은 언론과 학자들이 비난하기도 했다.

GE 회장 취임식 기사에서 「비즈니스 위크」는 '5피트 8인치짜리 땅딸막한 키, 근육질의 단단한 체격, 잭 웰치 그에게는 GE의 회장이라기보다 버스 수리공 자리가 더 잘 어울려 보인다'는 악평을 했으며 1984년 「포천」은 구조조정을 주도하는 잭 웰치에 대해서 '미국에서 가장 무자비한 10대 경영자 중 1위'로 선정한 바 있다.

언론뿐 아니라 경영의 달인으로 강연료 1~2위를 다투고 있는 세계적인 구루(guru, 선지자)들도 이에 동참했다. 경쟁전략의 선도자 하버드 경영대학원(Harvard Business School) 마이클 포터(Michael Eugene Porter) 교수는 잭 웰치의 혁신을 두고 1970년대에 유행했던 복합기업(conglomerate)을 재구성해 놓은 것일 뿐이라고 평가절하했으며, 초우량 기업의 조건으로 유명한 최고의 경영 컨설턴트 톰 피터스(Tom Peters) 역시 GE의 사업 포트폴리오는 잡동사니에 불과하다고 혹평했다.

하지만 잭 웰치는 이런 모든 비판에 대해 숫자로 답변해 주었다. 그 누구도 달성하지 못했던 최고의 성과를 보여 줌으로써 위기에 빠진 조직을 구해 냈으며, 치열한 경쟁에서 승리하게 만들었고, 그 결과 자신도 역사상 가장 성공한 경영자가 될 수 있었다.

위기경영의 산물, GE 11개 사업 부문

잭 웰치가 이끈 20년간의 성공은 위기에 빠진 조직을 일으켜 세운 한 편의 드라마와 같았다. GE의 11개 사업 부문은 구조조정과 인수합병을 통한 잭 웰치 개혁의 산물이었다. GE는 탁월한 잭 웰치의 위기관리 리더십으로 인해 세계 최고 기업의 반열에 오를 수 있었다.

11개 사업 부문은 핵심(Core), 하이테크(High Tech), 서비스(Service)를 대표한다. GE 사업 부문은 잭 웰치를 이해하는 출발점이며, GE가 어떻게 경쟁력을 갖출 수 있었는지를 알려 주는 지름길이다.

GE가 최고의 성과를 내고 있을 당시인 1998년 GE의 종업원 수는 미국 내 본사 직원 16만 3,000명을 포함해 전 세계 29만 3,000명이었다. 100개국 넘는 시장에 진출했고, 26개국에서 약 270여 개가 넘는 생산 공장을 운영하고 있었다. 다음은 1999년 당시 GE의 사업부문 모습이다.

① 가전 사업 부문(Appliance) - 핵심

GE가 전 세계 소비자에게 세계 최대 가전사로 인식됐던 것은 바로 GE, 모노그램(Monogram), 프로파일(Profile), RCA(Radio Corporation of America)와 핫포인트(Hotpoint)라는 브랜드를 통해 냉장고, 냉동고, 전기오븐레인지, 가스오븐레인지, 전자레인지, 세탁기, 건조기, 식기세척기, 부엌용 쓰레기압축기, 분쇄기, 에

어컨 및 정수기를 생산·판매했기 때문이다. GE 가전 사업 부문은 미국시장뿐 아니라 중국, 인도, 멕시코 및 남미 등의 신흥시장에서 빠르게 성장했다.

② 산업설비 사업 부문(Industrial Systems) – 핵심

GE 산업설비 사업 부문은 전력 및 전기기기의 배급, 보호, 조정과 관리에 사용되는 제품을 생산·판매하고 있으며 공업용 및 산업용 자동화기기 및 서비스를 제공한다. 주된 생산품과 서비스의 종류를 보면 회로차단기, 스위치, 변압기, 배전반, 고압용개폐기, 계량기, 계전기, 가조정속도구동장치, 자동화시스템 제어와 공정, 전 범위 직류 및 교류전기 전동기 등이 있으며 포괄적인 기술적 공학과 동력관리 방법에 대한 컨설팅 서비스를 한다.

③ 조명 사업 부문(Lighting) – 핵심

GE 조명 사업 부문은 소비재 및 산업용 조명기기 세계 일등기업으로서 백열등, 형광등, 장식용 램프, 방전램프, 할로겐 램프, 휴대용 전등설비, 램프설비 및 고순도 석영제품을 생산한다. 또한 실외조명기기, 주택배선기기 및 산업용 조명제어기기도 생산한다.

④ 발전설비 사업 부문(Power Systems) – 핵심

GE 발전설비 사업 부문은 발전기, 수송로 및 산업용으로

사용되는 가스, 증기, 수력발전기의 터빈과 발전기 설계, 생산 및 서비스를 운영하며 핵연료 보급과 그 서비스도 담당한다. GE 발전설비 사업은 이탈리아 생산 회사인 누보 피뇽(Nuovo Pignone)에서도 터빈, 펌프, 압축펌프 및 관련 장비를 생산한다. 발전설비 사업 부문은 전 세계 120여 개국이 넘는 곳에 발전설비를 공급하는 세계 최대 발전기 생산 회사이다.

⑤ 운송 사업 부문(Transportation Systems) - 핵심

GE 운송 사업 부문에서 생산한 기관차들은 미주 지역의 디젤 화물운송 기관차의 절반 이상을 차지하며 75개국이 넘는 곳에서 운행되고 있다. 또한 승객용 기관차도 생산하고 있고 해상용 및 군사용 디젤엔진, 고속운송차량의 제트추진기 및 제어기기, 대형 탄광용 트럭의 전동바퀴 시스템, 고성능철도 신호 및 제어기기를 생산하고 있다.

⑥ 항공기 엔진 사업 부문(Aircraft Engines) - 하이테크

GE 항공기 엔진 사업 부문은 세계 최대 상용 및 군용기의 대형 및 소형 제트엔진 생산 업체이며 해군용 함대 엔진과 공군용 엔진도 공급한다. 특히 1990년대 세계 민항기 대형 엔진 수주의 약 50퍼센트 이상을 GE에서 수주한다.

⑦ 의료기기 사업 부문(Medical Systems) - 하이테크

GE 의료기기 사업 부문은 최첨단 의료진단 영상기, 서비스

및 의료 활동 등 분야에서 세계 선두이다. 제품으로는 컴퓨터 단층촬영기(computerized tomography), X선 촬영기, 자기공명영상 (magnetic resonance imaging), 자기공명장치, 감마카메라(nuclear medicine camera), 초음파진단기, 환자모니터링 설비 및 유방암 검사기 등을 제공한다. GE 의료기기 사업 부문은 영업, 애프터서비스 및 생산설비를 갖춘 조직을 전 세계 100여 국 이상에서 운영한다.

⑧ 플라스틱 사업 부문(Plastics) - 하이테크

GE 플라스틱 사업 부문은 컴퓨터, 전자제품, 사무용기기, 자동차, 빌딩 및 건축 현장 그리고 산업 전반에 소요되는 다용도의 고기능 엔지니어링 플라스틱을 생산한다. GE 플라스틱 사업 부문에는 실리콘 사업부, 초연마재 사업부, 전기재료 사업부, 특수화학부 및 판매 자회사인 폴리머랜드(Polymerland)사를 운영한다.

⑨ 금융 사업 부문(Capital Service) - 서비스

GE 금융 사업 부문은 GE의 100퍼센트 자회사로 다양한 종류의 금융 서비스를 제공한다. 생산설비관리, 소비자금융, 중소기업금융, 특화금융 그리고 특수보험을 비롯해 독립된 약 30여 개 금융 서비스 사업을 운영하며 유럽, 아시아, 남미 등지에서 활발하게 활동한다.

⑩ 정보 서비스 사업 부문(Information Service) - 서비스

GE 정보 서비스 사업 부문은 기업 간 전자상거래 솔루션 업체로 세계 최대 전자상거래 그룹을 운영하고 있다. 네트워크 솔루션으로는 EDI(electronic data interchange), 통신 서비스, 인터넷 서비스, 인트라넷 서비스, 관리공정에 대한 효율적 공급 체제를 위한 애플리케이션 등이 있다. GE 정보 서비스는 전자상거래를 중심으로 프로세스 컨설팅, 시스템 통합, 조직관리 및 고객 지원에 관련된 총체적인 서비스를 제공한다.

⑪ NBC(National Broadcasting Co.) - 서비스

NBC 방송국은 미국 3대 방송국 중 하나로 뉴스, 스포츠와 오락 프로그램을 방송하고 있으며 케이블 방송국인 CNBC와 MSNBC을 운영한다. NBC에서 과감하게 해외투자를 추진한 CNBC는 NBC와 다우존스가 합작(joint venture)으로 운영한다. MSNBC는 마이크로소프트(Microsoft)사와 합작회사로 24시간 대화식 TV 방송과 인터넷을 통한 뉴스 서비스를 제공하고 있다. 이밖에도 NBC는 유럽 및 아시아 지역의 내셔널 지오그래픽(National Geographics)사의 채널망을 통해 방송하고 있으며 DFA(Deutsche Fernseanchrichten Agentur)사와 공동으로 유럽 전역에 방송을 하고 있다. NBC는 미국 내 올림픽 경기 독점 중계권을 가지고 있다.

위기를 극복한 새로운 도전 - GE의 회장이 되기까지

잭 웰치가 수많은 위기에서도 성공할 수 있었던 비결은 GE
와 조직원이 있었기 때문이다. 모든 면에서 완벽한 것처럼 보
이는 잭 웰치도 신입사원으로 입사해 회장으로 퇴임하기까지
41년간 많은 오판과 실수를 해 왔다. 하지만 그때마다 합리적
인 의사결정을 했고, 용기를 잃지 않았으며 자신감으로 위기
를 극복하고 어려움을 돌파해 나갔다. 그가 위기에 빠져 있을
때 함께 했던 상사, 동료, 부하 그리고 부모와 가족은 잭 웰치
의 성공을 이끄는 데 일조했다. 그들은 모두 잭 웰치의 훌륭한
조력자들이었다.

두 개의 참치 샌드위치

잭 웰치의 본명은 아버지의 이름인 존 프란시스 웰치(John Francis Welch)와 같은 존 프란시스 웰치 주니어(John Francis Welch Junior)이다. 그는 1935년 11월 19일 미국 매사추세츠(Massachusetts)주 피바디(Peabody)에서 태어났다. 아일랜드(Republic of Ireland)에서 이민 온 그의 부모는 가난했지만 정직하게 생활하며 엄격한 가정교육을 했던 것으로 잘 알려져 있다.

잭 웰치의 어머니 그레이스 웰치(Grace Welch)는 매우 신앙심이 깊었다. 아버지가 출근한 후 매일같이 어머니는 아들의 손을 잡고 예배당을 찾아가 함께 기도하곤 했다. 어머니는 바라는 무엇이든 최선의 노력만 하면 해낼 수 있다는 사실을 알려주었다.

미국 최고의 달변가 잭 웰치가 어린 시절에는 말더듬이로 친구들의 놀림감이었다는 것은 믿기 힘들지만 사실이다. 식당에서 참치 샌드위치 한 개를 주문하면 언제나 참치 샌드위치 두 개가 나올 정도로 주문하는 것조차 제대로 못했다. 영어로 참치를 뜻하는 튜나(tuna)를 잭 웰치는 '튜-튜나'라고 발음해 듣는 사람이 '투 튜나(two tuna)'로 알아들었기 때문이다.

그럴 때면 항상 실망하며 자신감을 잃었지만 어머니는 이런 단점을 장점으로 생각하도록 아들을 독려했다. 어린 잭이 말을 더듬으면 "너는 너무 똑똑하기 때문에 그런 거야. 머리에서 나온 똑똑한 생각을 너의 혀가 바로 따라오지 못해서 그런 거야"라고 격려해 주었다. 너무 생각이 빠르기 때문에 말이 제대로 쫓아오지 못한다는 설명이었다. 잭 웰치는 곧 자신감을 갖고 말을 더듬는 것은 창피한 것이 아니라고 생각했고 생각을 혀가 제대로 따라올 수 있도록 스스로 부단히 노력했다.

훗날 잭 웰치는 그의 경영 신념 중 많은 것들을 어머니에게서 배웠다고 고백했다.

"어떤 사람이 실수를 했을 때 처벌은 최후의 수단이 돼야 한다. 가장 필요한 것은 격려와 자신감이다. 누군가가 좌절하고 있을 때 그를 더욱 꾸짖는 것은 가장 나쁜 행동이다."

잭 웰치의 아버지 존 웰치는 보스턴(Boston) 근교를 오가는 열차의 검표원이었다. 그는 가족을 위해 성실히 일하는 조용한 성격의 소유자였다. 새벽 5시면 어김없이 출근을 했고, 하루 종일 열차의 좁은 통로를 걸어 다니며 승객들의 표를 검사하는 일을 했다. 불평 한 번 없이 하루도 쉬지 않고 성실히 일했다. 심지어 날씨가 궂은 날이면 하루 전에 나가 열차 칸 한 구석에서 잠을 자고 다음 날을 준비하는 등 무엇보다 자신의 일에 최선을 다하는 모습을 몸소 보여 주었다. 잭 웰치가 가지고 있는 일벌레의 습관은 어린 시절 아버지의 모습을 통해 배운 것이었다.

승리자는 패배를 인정할 수 있는 사람이다

아버지는 어린 잭 웰치에게 일을 해야만 돈을 벌 수 있다는 사실을 알려 주었다. 미국에서도 가장 많은 연봉을 받는 최고 경영자이며 PGA(Professional Golfers' Association) 챔피언 그렉 노먼 (Gregory John Norman)에게도 뒤지지 않을 정도의 골프 실력을 갖춘 잭 웰치의 첫 번째 돈벌이는 아버지의 손에 이끌려 시작했던 골프장 캐디 일이었다.

당시 9살짜리 꼬마 잭 웰치는 캐디 일로 하루 3달러를 벌었고 골프도 배울 수 있었다. 이때부터 두각을 나타낸 골프 실력은 그가 세계적인 경영자가 아니었다면 분명 유명 프로골퍼로 명성을 날릴 만큼 뛰어났다고 평가받고 있다. 잭 웰치는 일과 생활 그리고 골프를 통해 경쟁에 대해 일찌감치 배웠다. GE 회장이 된 후에도 위기에 닥칠 때마다 골프를 통해 자신감을 회복하고 개혁을 한 방향으로 유지시킬 수 있었다.

퇴근하는 아버지의 손에는 언제나 아들을 위한 선물 보따리가 들려 있었다. 아버지는 열차 내에 아무렇게나 놓여 있던 신문뭉치들을 잘 정리해 어머니와 함께 기차역으로 마중 나온 어린 잭에게 건네주었다. 잭 웰치는 신문읽기를 좋아했고 이때부터 시작된 독서 버릇은 훗날 탁월한 지식 탐구력과 정보 수집력을 키우는 바탕이 됐다.

어머니는 목표를 최고로 정하고, 달성하기 위해 최선의 노력을 하면 반듯이 성취할 수 있다고 가르쳤다. 만약 실패하더라도 또 다시 도전하면 반드시 성공할 수 있다고 가르쳤다.

어느 날 잭 웰치는 5과목 중에서 A를 4개, B를 1개 받아왔다. 그러자 4과목이나 A를 맞은 잭 웰치를 칭찬하는 대신에

너같이 똑똑한 아이가 왜 한 과목에서 B를 받았는지 이유를 아느냐고 물었다고 한다. 그러면서 틀린 문제는 다시 틀리지 않도록, 모두 A를 받지 않는 한 절대 만족해서는 안 된다는 점을 알려 주었다.

잭 웰치가 세일럼 고등학교(Salem High School) 하키 팀 주장을 맡았을 때 이야기다. 세일럼은 인근 베벨리 고등학교(Beverly High School)와는 영원한 맞수였는데 잭 웰치가 주장을 맡았던 그해 내내 라이벌에게 6전 6패로 참패를 당하고 있었다.

팀원들 모두 마지막 게임에서 이기기 위해 최선을 다했다. 잭 웰치의 활약에 힘입어 두 골을 앞서고 있는 상황에서 팀원들의 사소한 실수로 승리를 목전에 둔 채 역전패를 당하고 말았다. 결국 분노를 참지 못한 잭 웰치는 경기장 얼음판 위에 하키스틱을 내던져 버렸다.

라커룸에서 씩씩거리고 있을 때 어머니가 들어왔다. 그대로 잭 웰치에게 다가가 멱살을 잡고 흔들며 소리쳤다.

"이 바보 같은 녀석아, 패한 것을 받아들이지 못하면 앞으로 넌 무엇을 하든지 결코 이길 수 없다. 더 이상 경기할 자격조차 없어."

어머니는 자신을 속이지 말고 정면으로 맞서면 얼마든지 다시 해낼 수 있다는 점을 깨우쳐 주었던 것이다.

잭 웰치는 고교 졸업 후 매사추세츠 주립대학(University of Massachusetts) 화학과에서 입학해 가장 촉망받는 우등생이 됐다. 졸업 후, 일리노이 대학교(University of Illinois) 박사과정에 들어

간 지 3년 만에 화학공학 박사가 됐다. 잭 웰치의 나이 24세 때였다.

그는 박사과정 내내 실험실에서 살다시피 했다. 모든 관심은 박사논문에 집중됐다. 논문 주제는 '증기공급 시스템 응축'에 관한 것이었다. 남보다 앞서기 위해 공식과 숫자뿐 아니라 실험을 통해 실제 오감으로 체득하는 훈련을 쉬지 않았다. 구리 접시 위에서 물이 증발하고 응축되는 것을 몇 시간씩 지켜보면서 다양한 형태의 물방울이 변하는 모습을 사진으로 담고 냄새를 맡아 보는 등 변화상을 직접 체험했다. 이런 실험을 통해 새로운 열전도 등식을 이끌어 냈다. 연구에 남다른 재능을 보였던 우수한 학생으로 학위를 받은 후 그는 최고 연봉을 받을 수 있는 연구원을 꿈꾸며 GE에 입사했다.

회사에 남아 꿈을 펼치다

1960년 GE에 입사한 직후 잭 웰치는 회사 내에서는 한직으로 분류되던 플라스틱 사업 부문으로 배속됐다. 처음 맡은 일은 플라스틱 합성물질을 개발하는 일이었다. 일리노이 대학교에서 화학공학 박사학위를 받은 덕에 전공 적합성에 맞는 전문성을 지닌 연구원(specialist)의 일을 받은 것이다.

입사 첫해 잭 웰치는 열심히 연구했고 결국 좋은 성과를 냈다. 하지만 변화를 거부하는 완고하고 거대한 관료적인 조직 분위기, 열심히 일한 사람과 그렇지 못한 다른 3명이 한 팀이라는 이유 하나만으로 성과에 대한 보너스를 균등하게 분배하는 비합리적인 임금 체계, 불합리적인 관행의 인사제도에 대한 불만으로 잭 웰치는 입사 1년 만에 사직을 결심했다.

GE 내부에서는 전기·전자·기계 공학 전공자들이 주류를 차지하고 있었고 그들은 GE라는 조직을 꽉 막혀 있는 성 같은 존재로 만들어 버렸다. 화학공학을 전공한 플라스틱 연구원 입장에서는 숨 쉬기 힘들 정도로 갑갑한 관료적인 조직문화였다. 우수한 인재의 선택은 단 하나, 미련 없이 떠나 버리는 것이었다.

그러나 잭 웰치는 무엇 때문에 그 결심을 다시 원점으로 돌렸던 것일까? 그리고 40년이나 넘게 GE에 남을 수 있었던 비결은 무엇이었을까? 퇴직 직전 그를 잡은 것은 잭 웰치 자신이 아니었다. 신입사원 잭 웰치를 눈여겨보고 있었던 루벤 구토프(Ruben Gutoff)라는 고위간부 때문이었다. 그는 잭 웰치의 꿈을 GE에서 펼칠 수 있도록 적극 지원하겠다며 설득했다.

나이 어린 고집불통 신입사원의 미래를 위해 그것도 새벽 1시에 길바닥에 차를 2시간이나 그냥 버려둔 채 공중전화로 사직을 만류했던 것이다. 대기업에서 고위간부와 신입사원 간의 모습이라고는 상상하기조차 힘든 광경이었다. 그것도 보수적이고 관료적인 문화가 팽배해 있던 당시 GE에서는 아무도 기대하지 않던 그런 행동이었다. 하지만 결국 기업의 역사를 바꾼 만류였던 셈이다.

구토프는 개인별 성과에 맞는 차별화된 보너스와 결과가

아닌 과정에 대한 관료적 간섭을 배제하겠다는 제안으로 잭 웰치를 붙잡았다. 잭 웰치는 상사가 다른 사람들과 자신을 다르게 평가하고 있다는 사실에 강한 인상을 받았고 시카고로 가는 비행기를 타지 않고 돌아왔다. 구토프의 제안과 잭 웰치의 요구의 접점은 바로 차별화에 있었다.

그 후 차별화는 잭 웰치의 기본적인 경영방식이 됐다. 사람들을 다르게 대우해 주는 차별화는 사람들의 사기를 떨어뜨리는 극단적인 방법으로 널리 알려져 있지만, 잭 웰치는 이와는 정반대로 이해했다. 공정하고 엄격하게 적용할 수만 있다면 차별화는 바로 기업의 경쟁력을 키우는 발판이며, 핵심인재를 발굴하기 위한 최선의 방법이라고 생각했다.

회장이 된 잭 웰치는 결국 차별화를 통해 GE를 세계 최고의 강팀으로 만들었다. 최악의 선수는 퇴출시키고 최상의 선수에게는 최고의 보상을 해 주었기 때문이다. 차별화는 GE의 성공적 업적을 위해 꼭 필요한 조치였다.

"잭, 자네가 나보다 더 빨리 승진해서 GE의 관료주의를 뜯어고치도록 하게."

구토프의 지원에 감명을 받은 잭 웰치는 '관리자는 직원의 꿈과 능력을 최대한 펼칠 수 있도록 하는 코칭(coaching)이 필요하며, 직원은 역량을 무한히 발휘하도록 스트레칭(stretching)해야 한다'는 사실을 배웠다.

이것은 추후 관리자가 갖춰야 할 4E(Energy, Energize, Edge, Execute) 리더십의 기반이 됐다. 구토프의 리더십으로 남을 것을 결심한 잭 웰치는 처음에는 혼자 투입되는 프로젝트를 통해 최고의 성과를 냈다. 그 뒤 새로운 연구팀원들을 하나둘씩 고용해 그들의 도움을 받아 가며 플라스틱 신제품을 개발하는 데 주력했다.

잭 웰치는 열정을 갖고 자신을 위해 최선의 노력을 다했고, 결국 그 결과로 나타난 최고의 성과는 자신뿐 아니라 플라스틱 사업 부문 전체와 상사 구토프에 대한 보답으로 나타났다.

본사의 간섭을 덜 받는 플라스틱 사업 부문은 관료적인 문화에서 벗어나고 싶었던 잭 웰치의 자유로운 발상과 자기계발에 딱 맞는 곳이었다. 그렇기 때문에 플라스틱 사업 부문에서 잭 웰치만의 독특한 경영스타일의 기초를 다질 수 있었다.

날개를 단 플라스틱 사업

성공한 사람 누구나 그렇듯이 플라스틱 사업 부문에서 신제품 개발의 꿈을 펼치며 승승장구하던 잭 웰치에게도 어김없이 큰 시련이 다가왔다. 입사 3년차가 돼 어느덧 연구 책임자로 승진해 있던 1963년 어느 봄날의 일이었다.

그가 책임자로 있던 매사추세츠 주 피츠필드(Pittsfield) 공장 실험실에서 폭발사고가 발생했다. 휘발성이 강한 용액을 가지고 산소거품을 발생시키는 화학실험을 하던 중 공중에서 불꽃이 발생하면서 폭발했다. 다행히 사망사고는 아니었지만 폭발로 인해 인근 공장이 전소하는 등 엄청난 재산상 손실을 입었다.

다음 날 사건에 대한 진상조사위원회에 참석한 잭 웰치는 GE의 고위임원들 앞에 섰다. 잭 웰치는 사건에 대한 해명보다는 사업 추진을 계속하도록 설득하는 데 주력했다. 먼저 폭발이 일어난 원인과 해결방안을 설명한 후 향후 계획에 대해 피력했다.

"PPO(Poly Phenylene Oxide) 관련 제품을 만들기 위한 다양한 실험을 하던 중 발생된 사고였습니다. 고온에서 휘발성 물질을 작업할 때 예기치 못한 사고는 언제라도 일어날 수 있습니다. 이미 예방을 위한 해결책도 갖고 있습니다. 이제 막 세계 시장에서 통할 수 있는 경쟁력 높은 제품을 개발했고, 이에 대한 기술을 검증하는 막바지 단계에 도달해 있습니다. 팀이 해산되거나 개발이 미루어져서는 절대 안 된다고 생각합니다."

잭 웰치의 설명을 듣고 있던 GE 임원 찰리 리드(Charlie Reed)는 "나중에 대량생산하다가 문제가 발생되면 더 큰일이었을 텐데 실험 중에 이런 문제를 미리 알 수 있어 차라리 잘 됐군요. 연구하시는 분들 아무도 다치지 않아 천만다행입니다"라고 말하며 질책이 아닌 격려했다.

리드가 보여 준 이해심은 놀랄 만한 것이었다. 리드는 감정이나 분노가 아닌 이성적이고 합리적인 문제해결을 위해 오히려 사건을 잘 마무리할 수 있도록 잭 웰치의 위축된 마음을 북돋아 주었던 것이다. 리드를 비롯한 GE 임원들의 배려와 격려 때문에 다시 용기를 얻은 잭 웰치는 자신감을 회복하고 실험실에서 함께 일했던 팀원들과 합심해 연구를 재개할 수 있었다.

이 사건을 통해 어떤 사람이 실수를 했을 때, 처벌은 최후의 수단이 돼야 한다는 어머니의 가르침을 회사 현장에서도 몸소 겪은 것이다. 잭 웰치는 위기상황에서 오히려 인재를 포용할 수 있는 관리자 역량의 중요성을 깨달았다. 그 후 잭 웰치는 실수한 사람을 비난하지 않았고 회의 때 남을 자꾸 깔아뭉개는 사람에게 경고깃발을 꺼내 드는 제도를 도입했다. 다만 이렇게 하기 위해서는 안아 주어야 할 때와 내보내야 할 때를 살필 수 있는 명확한 변별력이 가장 중요하다는 사실도 함께 알았다.

잭 웰치는 위기가 발생할 때 더 강해지는 팀워크(team work)에 대해서도 깨달았다. 최고의 성과를 올리기 위해서는 강력한 팀워크가 필수적이지만 팀워크는 바로 경쟁을 통해 강해질 수 있다는 사실이었다.

또한 위기관리(risk management)의 중요성을 알았다. 달성 가능한 목표수준을 높이기 위해서는 성과를 올리는 데 방해가 되는 요인들을 제거하거나 최소화시키는 것이 우선시돼야 한다는 점을 알았던 것이다. 이러한 위기관리에 대한 마인드는 잭 웰치 성공의 핵심 경쟁력이 됐다.

당시 회사에서는 GNP(gross national product)보다 더 빨리 성장할 수 있는 신성장동력을 찾아 GE의 경쟁력을 강화하도록 요구하고 있었다. 잭 웰치는 PPO 신제품을 통하여 새로운 기회를 엿볼 수 있었다.

하지만 쉽지 않은 일이었다. 잭 웰치 팀에서 개발했던 PPO 제품은 고온에서 시간이 흐를수록 갈라져 틈이 벌어지는 결함이 발생했다. 실제로 그런 일이 발생될 확률은 그다지 높지 않다는 주장도 많았다. 하지만 잭 웰치는 추후 발생할 수 있는 어떤 위험요소도 제거되지 않고는 제품화할 수 없었다.

시간이 부족했지만 포기하지 않았다. 6개월간 밤낮 없이 지속된 연구 끝에 마침내 해결책을 찾아냈다. PPO에 저가의 폴리스티렌과 약간의 고무를 합성하는 방법이었다. 그렇게 만들어진 노릴(Noryl)이라는 이름의 합성물질은 향후 연간 10억 달러 이상 매출을 기록하는 성공한 제품이 됐다. 이 사업은 결국 GE 플라스틱 사업 부문을 대표하는 신성장동력이 됐다.

잭 웰치는 여기에 만족하지 않았다. 끊임없는 신제품 개발과 연구에 대한 창조적 노력을 거듭했다. 이때 시장에서 부딪힐 수 있는 다양한 위기요인들에 대한 검증 작업을 잊지 않았다. 꿈을 현실화시키는 추진력과 함께 위기요인(risk factor)에 대해 대비하고 예방하는 노력을 잊지 않았다.

결국 잭 웰치는 1968년 입사 8년 만에 32세의 나이로 2,600만 달러 규모의 플라스틱 사업 부문장으로 승진하는 영광을 얻었다.

당시 GE는 일본 기업들의 공격적 시장침투 전략으로 인해 전기·전자·기계 등과 관련된 다른 사업 부문들의 수익성이 급속히 저하되고 있었다. 하지만 플라스틱 사업 부문은 이러한 어려움에도 불구하고 산업용뿐 아니라 소비재 신제품 개발에도 성공했다. 소비재 시장을 개척하고 선도해 나가는 일등 제품이 됐다.

어려운 시기임에도 불구하고 방송광고와 옥외광고를 통해 '소비자에게 더 가깝게 다가서기' 위한 전략을 구사하는 등 각고의 노력 끝에 플라스틱 사업 부문은 1920년 창설 이후 최고의 성과를 보이며 더 이상 그룹 내 한직이 아닌 가장 중요한 사업 부문이 됐다.

최고를 향한 피 말리는 경쟁

엘리트 기업 GE에는 전통적인 CEO(chief executive officer) 육성 시스템이 있었다. 이 시스템은 다양한 사업구상을 지니고 있으면서 경험이 풍부하고 또한 혁신을 주도할 수 있는 그런 사람을 CEO로 선발하는 데 초점이 맞춰져 있었다.

1975년 잭 웰치는 플라스틱 사업 부문 성공을 바탕으로 차기 CEO 7인의 후보 중 한 명으로 뽑혔다. 하지만 관료적인 GE에서 핵심사업인 전기·전자·기계 관련 사업 출신이 아닌 잭 웰치를 아무도 눈여겨보지 않았다.

이때 잭 웰치의 탁월한 위기관리 능력은 단연 돋보였다. GE의 경쟁력 강화를 위해서는 전기·전자 사업 부문에 대한 투자를 확대해야 한다고 주장하는 다른 후보자들과는 달리 잭 웰치는 전혀 다른 제안을 했다. GE의 성공적 도약을 위해서는 우선 안전성을 높이는 일이 급선무이며, 이를 위해 금융과 제조의 결합이 중요하다고 피력했다. 즉, GE 크레딧(GE Credit: 후에 GE 캐피탈(GE Capital))을 집중 육성시켜야 한다고 주장했다.

당시 일본 기업들의 매서운 공격으로 인하여 고비용과 저성장이라는 함정 속에 빠져 있던 GE에게는 금융을 통한 자금 확보야말로 미래를 위한 가장 안전한 지지목이 될 수 있었다. 이와 같은 전략으로 많은 이사진들에게 그가 차기 회장 후보로 손색이 없음을 인정받는 계기가 됐다.

하지만 잭 웰치가 아무리 뛰어나다 할지라도 변방 사업 부문인 플라스틱 출신이라는 점은 여전히 결정적인 걸림돌이었다. 아무도 지원해 주지 않는 가운데 홀로 치른 차기 회장직에 대한 도전과 경쟁은 가히 피를 말리는 것이었다.

1979년 1월 비행기 안에서 존스 회장은 차기 회장 후보자였던 잭 웰치에게 이상한 질문을 했다. "만약 이 비행기가 추락해 자네와 내가 죽는다면 누가 다음 GE 회장이 될 것이라고 생각하는가?" 잭 웰치는 당돌하게도 이렇게 대답했다. "저는 추락하는 비행기에서 결단코 살아남아 GE의 회장직을 인수하도록 하겠습니다."

그로부터 6개월 후 존스 회장은 비행기 안에서 또 다시 질문을 했다. "만약 이 비행기가 추락해 내가 죽고 자네만 무사하다면 어떻게 할 건가?" 이번에도 잭 웰치의 대답은 거침없었다. "저는 곧 바로 공석인 GE 회장직을 수행하도록 하겠습니다." 이처럼 잭 웰치는 차기 회장에 대한 염원이 강했다. 경쟁이 치열할수록 더욱 그러했다.

결국 존스 회장의 신임을 얻은 잭 웰치는 1981년 46세 나이에 GE의 새로운 회장으로 취임했다. 잭 웰치의 염원과 꿈이 이루어졌던 것이다.

하지만 잭 웰치에게 맡겨진 GE의 미래는 불투명한 상태였다. 그는 취임사에서 "108년의 역사를 가진 미국 대표기업인 GE가 삼류로 전락하는 위기를 극복하기 위해서 전사적인 개혁이 필요하다"고 강조해야 할 정도였다.

성장은 둔화되고 대외경쟁력은 심각하게 약화됐다. 안팎에서 기업이 쇠퇴를 알리는 징후가 연쇄적으로 나타났다. 하지만 권위적인 엘리트 조직인 GE 내부에서는 현실을 위기라고 인식하지 못했고, 인식한다 할지라도 비대한 몸집은 스스로 위기를 극복하기에 불가능해 보였으며, 개혁에 대해서도 묵묵부답으로 일관했다.

1981년 입사 21년 만에 최고로 향한 그의 꿈은 이루어졌지만 새롭고 거대한 시련이 그의 앞을 가로막고 있었다. 이런 심각한 위기상황에서 잭 웰치는 GE를 바꾸고 세계를 변화시킬 개혁 프로그램의 단행을 시작했다.

세 번의 실패와 중단 없는 개혁
- GE의 성장과 잭 웰치

보수적이고 관료적인 GE에서 잭 웰치의 개혁은 전쟁과도 같았다. 조직 안팎으로 반대와 저항이 심하게 나타났다. 내부 갈등이 초래됐고 이를 지켜보는 언론들도 덩달아 비난과 혹평을 늘어놓았다. 비수익성 사업에 대한 청산을 두고는 일본에 무릎을 꿇고 항복한다고 혹평했고, 사업구조 재편을 두고는 미국의 기업을 외국에 팔아넘기는 매국적 행위라고 비난하기까지 했다. 하지만 잭 웰치는 어떤 반대에도 굽히지 않고 정면 돌파했다. 탁월한 위기관리 능력과 강력한 리더십으로 퇴임 시까지 단 한 번도 개혁을 주저하거나 번복하지 않았다.

1등이 아니면 우리에게는 미래가 없다

GE를 설립한 세계 최고의 발명가 에디슨과 GE를 세계 최고 기업으로 올려놓은 잭 웰치의 공통점은 문득 스쳐 가는 생각 하나라도 아이디어로 만들 수 있도록 평상시 메모하는 습관을 지니고 있다는 점이다.

1983년 1월 잭 웰치는 한 식당에서 첫 부인인 캐롤라인과 식사를 하던 중 갑자기 만년필을 꺼내 들고 냅킨에 무언가를 써 내려가기 시작했다. "#1 n #2 ……" 그러더니 동그라미 세 개를 그리고 "Core, High Tech, Service"라고 적었다.

이렇게 탄생한 '세 개의 원'은 GE 개혁의 바이블이 됐다. 그가 냅킨 한 장에서 전한 메시지는 GE를 위기에서 구하고 세계 최고의 기업으로 있도록 한 "1등 혹은 2등 전략"이었던 것이다. 즉, 1등 혹은 2등만이 생존할 수 있으며 GE가 미래에 나갈 방향은 핵심사업 부문, 하이테크 부문, 서비스 부문이라는 것이다.

당시 GE는 문어발식 사업구조로 기업의 시너지와 상관없이 다양한 사업 분야에 진출하여 거의 대부분 시장에서 1등 혹은 2등을 하고 있었다. 하지만 전체적으로는 저수익과 저성장을 거듭하고 있었던 터였다. 이때 잭 웰치의 1등 혹은 2등 전략은 현재의 시점이 아니었다. 10년 후의 상태를 의미하는 것이었다.

잭 웰치는 세 개의 원을 통해 GE의 미래 방향을 제시했다.

바로 첫 번째 원은 GE 전통 사업 중 미래에도 역시 세계 1등 혹은 2등을 할 수 있는 핵심사업 부문이며, 두 번째 원은 바로 기술 집약적인 하이테크 사업 부문으로 미래의 새로운 기회가 될 수 있는 사업이었다. 마지막 세 번째 원은 그동안 GE에서 한 번도 해 보지 않았던 금융, 방송 등 서비스 사업으로 이를 토대로 핵심사업 및 하이테크 사업과 병합된다면 엄청난 시너지를 창출할 수 있는 그런 사업 부문을 의미했다.

이 원 안에 들어있지 못하거나 원 안에 있을지라도 미래 시장에서 1위 혹은 2위가 되지 못한다면 바로 퇴출 대상이 됐다.

첫 번째 원, 핵심사업 부문(Core Business)은 GE의 역사와 전통을 의미하는 사업 부문으로 가전, 조명, 발전설비, 운송, 산업설비로 구성돼 있다.

당시 이들 사업은 GE의 근간이라고 할 수 있으며 시장점유율(market share)에 있어서도 세계 1등을 차지하고 있는 사업들이었다. GE는 세계 최대 가전업체로 산업에서뿐 아니라 전 세계 소비자들에게도 매우 잘 알려져 있었다. 또한 GE 탄생 배경이 된 조명기기에서는 토마스 에디슨의 전구 발명 이래 변함없이 세계 최고 기업이었다.

발전설비 분야에서는 세계적인 원천기술뿐 아니라 이를 토대로 하는 신기술 개발에 있어서도 세계를 주도하고 있었다. 디젤 기관차와 전동차를 생산하는 운송 사업은 세계에서 가장 생산성이 높은 제조설비를 지니고 있었다. 또한 산업용 설비, 모터 산업, 송배전 및 제어기기 등 산업설비 사업에 있어서도 역시 최고 기술력과 시장점유율을 지니고 있다.

두 번째 원, 하이테크 사업 부문(High Technology Business)에는 항공기 엔진, 의료기기, 플라스틱 등 첨단소재 산업 등이 있다.

항공기용 엔진을 만드는 항공기 엔진 사업은 민간용, 군용, 산업용에 이르는 다양한 종류의 최첨단 제트엔진을 생산하고 있다. 의료기기 사업은 의료용 영상진단 장치 분야에서 세계 최고의 기술력을 지니고 있으며 전신용 단층촬영장치, 자기공명단층촬영장치, 초음파진단장치 등을 생산하고 있다. 플라스틱 사업은 플라스틱 엔지니어링 분야에서 기술력과 제품 경쟁력에 있어서 세계 시장을 주도하고 있다.

세 번째 원, 서비스 사업 부문(Service Business)은 금융 서비스, 정보 서비스, 방송 서비스로 구성돼 있다. GE의 서비스 사업 부문은 고부가가치 사업을 중심으로 광범위한 서비스를 하며 제조업과 서비스를 합체한 막강한 경쟁력을 자랑하고 있다.

금융 서비스 GE 캐피탈은 생산시설 확장, 공장자동화를 위한 융자 사업과 선박·항공기 리스 사업 등을 중심으로 미국 내 최대 규모의 실적을 보이고 있다. 방송 서비스에서는 미국 최대 방송사인 NBC을 중심으로 유선 방송 CNBC, 텔레비전과 인터넷 동시 방송 MSNBC 등을 통해 전 세계 네트워크를 구축했다. 정보 서비스인 GE 인포메이션 서비스는 정보 시스템 구축 및 컨설팅 서비스를 통해 전 세계에서 가장 경쟁력 높은 산업용 정보 서비스를 제공하고 있다.

냅킨 한 장의 메모가 전하는 메시지는 GE를 위기에서 구할 전면적인 구조조정을 말하는 것이었다. 경기변화에 관계없이 육성할 사업과 버릴 한계사업을 명확히 구분하여 정리하는 끊임없는 구조조정을 단행하기 위한 것이었다.

현재 1위라 할지라도 저성장으로 인하여 10년 후 한계사업이 된다면 과감히 정리했으며 10년 후에 1위 혹은 2위를 할 수 있는 사업만 집중적으로 육성하는 미래지향적 구조조정이었다. 1등 혹은 2등이 되기 위해 '고쳐라, 매각하라, 아니면 폐쇄하라'는 슬로건을 전 조직에 외치도록 했다.

'1등 혹은 2등 전략'은 모든 직원들이 쉽게 이해할 수 있는 구체적이고 간단명료한 메시지로 전달됐다. 또한 처음 제시한 그 원칙을 철저히 지켜 가며 17년 이상을 일관성을 갖고 꾸준히 추진했다.

그 결과 직원들은 점차 회사의 새로운 방향에 대하여 이해하기 시작했으며 더 나아가 힘을 합쳐 새로운 GE 문화를 창조하는 데 앞장섰다.

육성할 사업과 버릴 사업을 명확히 하라 – 리스트럭처링

세 개의 원에서 보았듯이 잭 웰치의 관점은 현재 시점이 아니다. 언제나 10년 뒤 미래의 경쟁력을 내다본 후 전 방위에 걸친 리스트럭처링(restructuring)을 추진했다. 리스트럭처링이란 한 기업이 여러 사업을 보유하고 있을 때 미래 변화를 예측하여 어떤 사업을 핵심사업으로 하고 어떤 사업을 축소·철수하고 어떤 사업을 새로이 진입하고 중복 사업을 통합함으로써 사업구조를 개혁하는 것이다.

잭 웰치는 GE 리스트럭처링을 통해 기업을 미래지향적이고 경쟁력 있는 사업구조로 변모시키고 기업의 제한된 자원을 올바르게 배분하도록 했다. 잭 웰치는 현재 아무런 문제가 없는 것으로 보일지라도, 수익이 나고 있을지라도 미래 경쟁력을 상실할 가능성이 있는 사업부는 과감히 잘라 냈다. 10년 후 회사 성과에 마이너스가 될 사업들은 어김없이 정리 대상이 됐다.

잭 웰치는 취임 후 15년 동안 냉혹한 리스트럭처링을 단행했고, 400여 개의 사업 부문과 생산라인을 처분 혹은 폐쇄했으며, 전체 직원의 4분의 1인 11만 2,000여 명을 해고했다.

관료제의 온상인 본사 스태프 조직을 대대적으로 수술하기도 했다. 400여 명에 달하던 본사 전략팀을 해체시키고 그 기능을 각 사업부에 이관시켰다. 회장과 각 사업부 사이에 존재하던 그룹 임원, 섹터 임원, 부사장 등 3개의 관료계층을 완전히 제거시켰다.

사업 부문에 있어서도 육성할 사업과 버릴 사업을 명확하게 정리했다. 과거 크라이슬러가 어려울 때 실시했던 리스트럭처링을 GE는 아직 괜찮을 때 조직·인력·시장·제품·재무·손익·사업 등 전 방위에 걸쳐 강도 높게 추진했다.

첫째, 각 조직에 있는 유사한 부문을 통폐합하여 조직의 효율성을 높이고 7~8단계의 의사결정 단계를 간단하게 줄이는 조직구조 재설계를 실시했는데 이를 '조직 리스트럭처링'이라 칭한다.

둘째, '인력 리스트럭처링'은 미래 경쟁력을 바탕으로 필요한 직무 및 인력과 필요 없는 직무 및 인력에 대해 정리해고·임금조정·전환배치·파견·명예퇴직 등이 대대적으로 이루어졌다.

셋째, 내수시장뿐 아니라 글로벌 해외시장에 있어서 강화해 나가야 할 시장과 포기해야 할 시장에 대해 명확하게 정리했는데 이것이 바로 '시장 리스트럭처링'이다.

넷째, 여러 제품 중에 매출을 신장시키고 미래에도 꾸준히 이익을 가져올 제품과 미래의 전망이 어두운 제품을 구분한 '제품 포트폴리오'를 구성하여 재조정했는데 이를 '제품 리스트럭처링'이라 한다.

다섯째, 대차대조표상의 건전성 유지를 위하여 부채를 줄이고 자기자본을 높여 기업의 안정성을 유지시켰다. 이를 통해 미래에 다가올 위험을 줄이고 시장에서의 신용을 높였는데 이를 '재무 리스트럭처링'이라고 한다.

여섯째, 주로 기업 성과는 매출과 손익으로 판단한다. 이 중 실제 손익은 기업의 수익성과 안정성을 판단하게 하는 중요한 기준이 된다. 이를 위해 '손익 리스트럭처링'을 실시했다. 즉, 손해를 줄이고 이익을 극대화시키고 비용항목을 재조정하는 노력이 수반됐다.

일곱째, 사업 부문, 생산시설 등 회사가 보유한 다양한 자산과 사업에 대하여 집중 투자할 사업과 포기해야 할 사업을 구별했는데 이를 '사업 리스트럭처링'이라 한다.

잭 웰치는 취임하자마자 조직·인력·시장·제품·재무·손익·사업 등 그룹 전 방위에 걸친 리스트럭처링을 추진하는 동시에 조직과 사업구조 재편을 위해 연구개발(R&D, research and development)과 인수합병(M&A, mergers and acquisitions)도 게을리 하지 않았다.

잭 웰치가 회장으로 있는 동안 1,700여 건의 인수합병을 추진했고, 그중 900개가 넘는 기업을 인수하는 데만 1,058억 달러 규모의 자본을 투자했고 취임 직후부터 본격적인 구조조정과 사업구조 재편에 속도를 냈다.

1982년 GE의 대표 제품으로 인식되던 에어컨 사업부를 매각하는 것을 포함해 캘리포니아(California)와 온타리오(Ontario)에 있는 전기다리미 공장을 폐쇄했다. '고쳐라, 매각하라, 아니면 폐쇄하라'를 외쳤던 잭 웰치가 보여 준 본보기이자 신호탄이었다.

다음 해인 1983년에는 소형가전제품 사업부 일체를 블랙 앤 데커(Black & Decker)사에 3억 달러에 매각했다. 소형가전 매각을 두고 잭 웰치는 전임 회장인 존스와 가벼운 설전을 하기도 했다. 존스는 소형가전이야말로 전 세계 소비자와 GE가 가장 가깝게 만날 수 있는 접점이라고 생각한 반면, 잭 웰치는 경쟁력 없는 제품은 그 어느 것이라도 매각해 버려야 한다고 판단했기 때문이다.

1984년에는 연간 3억 2,000만 달러의 수익을 올리고 있던 아주 괜찮았던 유타 인터내셔널(Utah International) 탄광 사업부를 세계 최대 광산 업체인 호주 BHP(Broken Hill Proprietary)사에 24억 달러를 받고 매각했다. 대규모 리스트럭처링을 위한 투자 및 철수자금을 마련하기 위해서였다.

또한 조직과 사업구조 재편을 위해 연구개발과 인수합병을 적극 추진했다. 운송 사업 부문의 철도차량 자동화시스템 R&D에 3억 달러, 뉴욕 주 스케넥터디(Schenectady)에 있는 GE 중앙연구소에 1억 3,000만 달러를 투자했다.

임플로이어스 재보험(Employers Reinsurance Corp.)사를 11억 달러에 인수했다. 유타 인터내셔널 매각과 임플로이어스 재보험사 인수는 더 이상 GE는 석탄과 같은 광물을 파는 회사가 아니라 금융과 같은 고수익 서비스 사업을 집중 육성할 것이라는 점을 널리 알리는 신호탄이었던 셈이다.

1985년 RCA(Radio Corporation of America)사로부터 현금 63억 달러에 NBC(National Broadcasting Co.) 방송국 인수를 발표했다. RCA와 NBC가 다시 GE로 돌아온 이 거래에 대해 잭 웰치는 GE 확대 간부회의에서 기립박수를 받는 등 전폭적인 지지를 얻어 낼 수 있었다.

원래 RCA는 프랭클린 루즈벨트(Franklin Delano Roosevelt) 대통령이 해군차관보로 있던 시절에 전파를 통해 미 해군에 동시에 명령을 내리기 위한 목적으로 GE에 도움을 요청해 설립이 추진됐다. 그 후 RCA는 라디오 제조 사업과 더불어 현재

NBC방송국의 모태가 된 미국 전역에 대한 라디오 네트워크 방송 레드와 블루 서비스 사업을 시작했다.

당시 장거리 전송장비에 대한 특허권을 지니고 있던 GE가 RCA의 설립을 주도했던 것은 당연한 일이었다. 하지만 1919년 독점금지법 위반 판결에 따라 GE로부터 분리될 수밖에 없었던 회사였다.

1986년에는 월스트리트 투자은행인 키더 피바디(Kidder Peabody & Co.)사를 6억 200만 달러에 인수했다. 훗날 이 인수는 잭 웰치에게 큰 손실과 도덕적 치명타를 준 첫 번째 실패로 기록됐다. 제조와 금융의 결합이라는 취지하에 잭 웰치가 직접 진두지휘하면서 추진했던 키더 피바디사에서 부실이 발생했던 것이다.

정부 채권 책임자인 조셉 제프(Joshep Jeff)는 1991년 11월부터 1994년 3월까지 3억 5,000만 달러라는 이익을 창출했지만, 이것은 허위로 조작된 것으로 밝혀져 금융시장에 큰 충격을 주었다. 실제로는 1억 달러 이상의 손실을 입고 있던 것이다.

또한 내부자 거래로 인한 2,600만 달러의 벌금까지 낼 수밖에 없었다. 결국 총 3억 5,000만 달러의 손실을 입고 말았다. 이것은 그해 GE의 전체 사업부가 올렸던 순이익과도 맞먹는 액수였다.

GE는 조셉 제프의 허위 거래로 인해 발생한 손실을 청산하기 위해 키더 피바디사를 페인 웨어(Paine Webger)사의 지분 25퍼센트와 맞교환해 대규모 부실자산을 상각시켜 버렸다.

　1987년 연간 30억 달러 매출에 직원 수 3만 1,000명에 달하는 GE의 대표적인 사업부인 TV가전 부문을 연간 매출액 7억 5,000만 달러인 톰슨(Thomson SA)의 의료기기 사업부와 맞교환하기로 발표했다. 규모 면에서 볼 때는 이 거래는 도저히 상식적으로 맞지 않는 거래였다.

　그러나 잭 웰치가 볼 때는 달랐다. 당시 세계시장 4위를 차지하고 있던 TV가전 부문을 회생시켜서 1위 또는 2위로 키우기란 불가능에 가까웠다. 또한 TV생산 부문은 RCA와 같은 제조라인을 두고 있어 인수에 가장 큰 걸림돌이 되기도 했다. 반면 X레이, 의료용 진단기기, 의료용 영상장비 등을 생산하고 있던 톰슨의 의료영상 사업부는 GE와 결합할 때 높은 시너지를 창출해 유럽 의료진단기 시장에서 경쟁력을 높일 수 있는 선택이었다.

　GE가 주력 사업이었던 TV가전 부문에서 완전 철수하면서 부딪힌 조직 안팎의 저항은 매우 심각했다. 언론은 미국에서 가장 미국적인 사업을 팔아 치우고 미국 사람들의 일자리를 무책임하게 외국에 떠넘겨 버리는 매국적 행위를 저질렀다고 맹비난하기까지 했다.

　잭 웰치는 결단을 내리고 이 거래를 성사시키기 위해 어떤 비난과 반대에도 물러서지 않고 끝까지 자신의 방침을 고수해 나갔다. 훗날 이 톰슨 의료기기 사업부는 GE와의 시너지를 통해 경쟁사인 독일의 지멘스(Siemens)사를 압도하는 의료기 시장 최대 지배자가 됐다.

1987년에는 톰슨 의료기기 사업부 외에도 많은 기업들을 인수했다. D&K 리싱(Dart & Kraft Leasing)사를 1억 달러, 젤코(Gelco)사를 2억 5,000만 달러에 인수해 GE 캐피탈의 근간을 이루었고, 노스 아메리카 생활 건강(North America Co For Life & Health) 사업 부문을 2억 달러에 매각하는 대신에 마이애미(Miami) 방송국을 2억 7,000만 달러에 인수해 방송 서비스 분야를 강화했다.

1988년부터 워크아웃(Work Out)이란 개념을 도입해 소프트웨어 구조조정을 가속화시켰으며 끊임없는 매각과 M&A를 추진했다. 그 후 제품, 금융, 서비스를 통합한 전략으로 부가가치를 높이고 제조업의 경쟁력을 강화시켰다. 워크아웃 프로그램은 향후 GE의 트레이드마크가 됐다.

1988년에는 최대 소매유통 서비스 회사인 몽고메리 워드(Montgomery Ward)사를 38억 달러에 인수하면서 유통업에 진출했지만 결국 12년 뒤 문을 닫으면서 잭 웰치에게 두 번째 큰 실패를 안겨 주었다. 유통 업체 간에 경쟁이 치열해지면서 월마트(Wal-Mart Stores)사, 홈데포(Home Depot)사 등에게 밀렸던 것이다.

몽고메리 워드사는 2000년 경영난을 이기지 못해 128년 역사를 뒤로 한 채 파산해 버렸다. 미국에서 처음으로 일반상품 통신판매를 시작하면서 32억 달러의 매출에 시카고 본점을 비롯한 미국 내 30개 주에서 250개 점포를 지녔고, 종업원 수만 무려 3만 7,000명에 달했던 미국 내 최대 소매 유통 회사의 몰락이었다.

그해 GE는 반도체 사업 부문을 해리스(Harris)사에 매각해 버리고, 새로 인수한 RCA에 대하여 사업구조 재편 작업을 실시했다. RCA 글로벌 커뮤니케이션(RCA Global Communications)사를 1억 6,000만 달러, 산하 5개 방송국을 1억 2,200만 달러에 매각했다.

대신 산업설비 사업 부문의 강화를 위해 로퍼(Roper)사를 5억 1,000만 달러에 인수하고, 보그 워너(Borg-Warner Corporation)사의 플라스틱 사업 부문을 23억 달러에 인수하면서 사업의 경쟁력을 강화시켰다.

1989년에는 금융 관련 유선방송 채널인 CNBC를 설립했다. 또한 글로벌 사업을 확대하기 시작하면서 1990년 헝가리 정부로부터 1억 5,000만 달러에 국영 조명 회사를 인수하고 1991년에는 이탈리아 에너지 회사인 누보 피뇽의 경영권을 인수했다. 누보 피뇽은 컴프레서와 펌프, 소형 가스 터빈 등을 생산하는 회사로 이를 통해 GE는 유럽 내 입지를 강화시켰다.

1993년에는 GE 에어로스페이스(GE Aero Space) 사업 부문을 마틴 마리에타(Martin Marietta)사에 40억 달러에 매각하면서 엔진 제작을 제외하고 전투기 사업에서 완전히 손을 뗐다. 이 거래를 통해 세계 최대 군수회사가 된 마틴 마리에타사는 1995년 우주 항공업체인 록히드(Lockheed Corporation)사와 합병해 록히드마틴(Lockheed Martin Corporation)사가 된다.

1995년부터 GE는 모토로라(Motorola)사에서 배워 온 6시그마(Six Sigma) 품질혁신 운동을 시작했다. 그해 600개의 프로젝트와 교육 프로그램을 실시하는 것을 시작으로 1997년까지 9,000개가 넘는 프로젝트가 진행됐다. GE에서 성공한 6시그마는 전 세계 경영혁신 운동을 일으키는 단초가 됐다.

1996년에는 하이테크와 서비스의 결합으로 평가받는 24시간 텔레비전과 인터넷 동시 뉴스 서비스인 MSNBC를 마이크로소프트사와 합작하여 설립했다. 그동안 GE는 매각과 인수라는 관점에서 M&A에 중점을 두었지만 인터넷이라는 새로운 산업에 진출하면서 해당 산업의 리더와 전략적 제휴(strategy alliance)를 선택한 것이다.

빌 게이츠(Bill Gates)는 전략적 제휴에 대해 방송과 컴퓨터 네트워크라는 두 개의 미디어를 하나로 합쳐 시너지를 극대화시키기 위한 새로운 시도였다고 평했다.

이에 대해 잭 웰치는 앞으로 비즈니스 방식은 과거와 혁명적으로 달라질 것이며, 상거래도 역시 마찬가지로 변할 것이라고 말했다. 즉, 21세기를 앞둔 GE의 전략이 새롭게 변할 것임을 시사한 것이었다. 실제 그 후 잭 웰치는 전 사업 부문에 대해 이비즈니스(e-Business)를 강화시켰다.

2000년 11월 19일 GE 회장직에서 은퇴를 앞두고 있던 잭 웰치는 불과 한 달 전인 10월 20일 금요일 인류 역사상 가장 큰 규모의 인수합병을 추진하면서 자신의 퇴임을 14개월 연장하겠다고 발표해 세상을 놀라게 했다. 정년 65세를 넘기겠다는 이 제안에 대해 이사회도 흔쾌히 승인해 주었다.

450억 달러 규모로 허니웰 인터내셔널(Honeywell International) 사를 인수하면서 두 기업의 성공적으로 통합하고 신임 회장에게 부담을 덜어 주겠다는 취지로 정년을 연장했던 것이다. 그해 11월 잭 웰치는 후임자로 제프리 이멜트를 지목했다.

하지만 정년을 연장하면서까지 추진했던 허니웰 인수는 뜻대로 되지 않았다. 독과점을 우려하는 유럽연합 집행위원회(European Union Commission)의 심사를 통과하지 못해 결국 실패하고 말았다. 잭 웰치에게는 마지막이자 세 번째 실패를 안겨 준 사건이었다.

EU측은 GE가 허니웰을 인수하려면 전제조건으로 허니웰의 항공우주 관련 사업 일체를 매각하거나 분리한 후에야 가능하다는 조건을 제시했다. GE 입장에서는 도저히 받아들일 수 없는 요구였던 것이다. 결국 EU는 155쪽에 달하는 반대 성명서를 발표하면서 불허가를 결정했다.

2001년 6월 허니웰 인수가 불허가 결정되던 날, 허니웰 주가는 곤두박질한 반면 GE의 주가는 오히려 상승하는 효과를 보았다.

GE에서 마지막으로 수행한 대규모 프로젝트를 실패로 끝낸 잭 웰치는 EU 집행위원들에 대해 "그들은 GE와 허니웰의 통합을 반대하고 있는 경쟁자 입장에서 독과점을 규제하려는 규제자의 권리를 행사했다"고 비판했다. 즉, 공정하지 않은 심사라는 점에 대해 아쉬움을 피력했던 것이다.

그 후 2001년 9월 잭 웰치는 그가 지닌 모든 권한을 신임 회장 이멜트에게 대한 승계한 후 20년 넘게 지킨 회장직에서 물러났다. 잭 웰치가 GE에 입사한 지 41년째 되던 해로 그의 나이 66세였다.

예스와 노를 즉시 대답하라 – 워크아웃

잭 웰치가 취임한 직후부터 1980년대 내내 GE는 고치고 매각하고 폐쇄하면서 리스트럭처링, 인수합병, 사업구조 재편 등 하드웨어 중심의 구조조정을 추진했다. 1990년대로 진입하기에 앞서 2단계 구조조정을 위한 새로운 방향을 수립해야 할 필요성이 있었다. 즉, 하드웨어를 움직일 수 있는 소프트웨어 구조조정을 의미한다.

개혁의 속도를 높이기 위해 가장 시급한 문제는 제대로 일할 수 있는 환경을 마련하는 데 있었다. 비전을 선포하고 이를 조직 내에서 공유하고, 어떻게 실행할 것인지에 대해 논의한 후 현업에 돌아갔지만 여러 가지 이유로 현장에서 제대로 실행할 수 없었다.

물론 제대로 일할 수 없도록 방해하는 것도 관료주의(bureaucracy)에서 나온 병폐이기 때문에 이를 타파하기 위한 분명한 제도가 필요했다. 이러한 문제점을 해결하기 위해 도입된 것이 바로 워크아웃이었다. 매일매일 더 나은 업무방식을 찾기 위해 1988년부터 GE에 도입돼 본격적으로 활용되기 시작했고 회장이 직접 나서서 주도적 실시했다.

워크아웃이란 뜻은 단어 그대로 효율성 없이 속도를 저하시켜 버리는 복잡한 그런 일(work)은 업무에서 완전히 아웃(out)시켜 버리는 것을 의미했다. 즉, GE를 개혁하는 데 있어서 임직원들이 어떻게 행동해야 할 것인가를 규정해 주는 행동방침과 같은 제도였다.

워크아웃 철학은 3S에서 출발한다. 모든 절차와 방법을 이해하기 쉽게 단순화(Simplicity)시키고, 신속성(Speed)있게 처리해야 하며, 자신감(Self-confidence)을 가지고 추진해야 하는 것을 의미한다. 바로 규모와 절차를 중시하는 관료주의와는 정반대 개념이었던 것이다.

워크아웃은 타운미팅(town meeting)이라는 독특한 토론방법에서 아이디어를 얻어 착안됐던 것이다. 원래 타운미팅은 주민들이 직접 참여해 결정하는 직접 민주주의로 미국 민주정치를 발전시킨 제도였다.

17세기 식민지 시절 뉴잉글랜드(New England) 지방에서 주민들이 한자리에 모여 주민들을 위해 일할 각종 기관의 대표를 선출하고, 아이들의 미래를 책임질 학교 운영자를 뽑고, 마을 주민들을 위한 조례를 제정하고, 마을을 위해 써야 할 예산을 확정하는 등 주요 이슈와 정책에 대해 토론과 표결을 했던 것에서 유래됐다. 타운미팅은 주민들이 직접 참여해 이루어지는 마을 최고 의결 기관으로 초기 미국사회를 구성하는 데 매우 중요한 역할을 했던 제도였다.

역사적인 그 제도를 GE는 경영에 처음으로 도입했다. GE

타운미팅은 워크아웃 타운미팅이라고 칭하며, 종종 업무 스트레스에서 벗어나 조직과 비즈니스의 이슈들에 대해 자유롭게 대화하고 토론하도록 했다.

참가자들은 상호 공통점이 있는 사람들끼리 소그룹을 이루어 토론한다. 참가자들은 같은 부문에 속해 있거나 유사한 고객을 가지고 있거나 비슷한 비즈니스 프로세스에서 작업을 한다는 점에서 공통점을 지니고 있다. 하지만 유사한 그룹 내에서도 다양한 부문, 직무, 계층, 제품, 산업을 대표하는 참가자들로 구성했다.

워크아웃 진행 절차는 일곱 단계로 추진된다.

첫 번째 단계에서는 토론할 주제를 선택한다. 사전 아이디어 회의를 통해 주제를 제시한다. 두 번째 단계에서는 다양한 계층, 여러 부서에서 그 문제를 잘 다룰 수 있는 사람들로 팀을 구성한다. 다양성을 대변할 수 있는 소그룹을 의미한다. 세 번째 단계에서는 워크아웃의 제안 사항들이 실행될 때까지 끝까지 확인할 챔피언을 정한다. 네 번째 단계에서는 그 팀이 3일 동안 모여 회사의 프로세스를 향상시킬 수 있는 새로운 아이디어를 짜낸다. 다섯 번째 단계에서는 의사결정자와 함께 각 제안에 대해 즉석에서 결정을 내린다. 여섯 번째 단계에서는 결정을 실행하기 위해 필요한 경우 추가적인 사항을 검토한다. 마지막 일곱 번째 단계에서는 워크아웃 프로세스가 차질 없이 계속 진행될 수 있도록 추진한다.

워크아웃은 토론 주제 및 참가자에 따라 다섯 개 종류로 구분된다.

먼저 단일 조직이나 팀 내의 문제를 해결하기 위해 실시하는 이슈 워크아웃(Issue Work-Out), 조직이나 부문 간 프로세스상 문제를 해결하기 위해 실시하는 프로세스 워크아웃(Process Work-Out), 한 달 이내의 현장에서 벌어지는 복잡한 문제를 개선하기 위해 특정 참가자가 TF(Task Force)를 이뤄 진행하는 액션 워크아웃(Action Work-Out)을 진행한다. 그 다음으로는 협력사가 참여하는 협력사 워크아웃(Suppier Work-Out)과 마지막으로 고객이 함께 참여하는 고객 워크아웃(Customer Work-Out)을 진행한다.

처음에는 조직에 정착되기 전까지 이슈·프로세스·액션 워크아웃을 진행하고, 워크아웃 방법이나 진행 스킬이 정착되면 협력사와 고객 워크아웃으로 이어진다.

전형적인 워크아웃 프로그램은 자신의 의견을 주저 없이 표현할 수 있도록 업무 현장을 떠나 연수원에 가서 2박 3일 정도 계속되는데, 상사는 광범위한 도전 과제만을 제시하고 나서 자리를 떠난다. 남아 있는 참가자들은 아이디어가 실제 토론 주제로 선정되면 타운미팅은 바로 시작된다.

타운미팅은 참가자 전체가 아이디어를 검토하고 결정을 내리는 벽 없는 의사결정 방법으로 대개 퍼실리테이터(facilitator)가 회의를 주관하는데 적게는 15명에서 많게는 150명 정도가 참석해 난상토론을 통해 진행한다.

참가자들은 상사가 없는 상태에서 퍼실리테이터의 도움을

받으며 자신들이 느껴 왔던 문제점 목록을 만들고 해결방안을 토론하고, 상사가 돌아왔을 때 그에게 새롭게 제안할 내용을 준비한다.

퍼실리테이터는 내부 직원들과 전혀 이해관계가 없는 외부 전문가, 대학교수 등이 맡는다. 타운미팅에서 그들이 일하는 과정에서 겪는 승인·보고·회의 등에 있어 불필요한 관료적인 사항에 대한 의견을 정리해 제안한다.

이때 상사는 그러한 제안에 대해서 그 자리에서 대답을 해야만 한다. 제안에 대해 승인하거나 거부하고 참가한 모든 참가자들에게 그 결정을 이해시켜야 한다. 제안한 내용 중 최소한 75퍼센트 이상은 즉각 '예스'와 '노'라는 의사결정을 내려야 하고 그 자리에서 결정할 수 없는 경우에는 서로 합의하여 결정기한을 별도로 둔다.

워크아웃의 의의는 상사가 단지 많은 사람들 앞에서 결정을 내리는 것이 중요한 것이 아니라, 결정을 내리기 위한 의사결정 과정에 많은 사람들이 동참한다는 데 있다. 이와 같이 공개적인 토론을 통한 의사결정 과정을 보여 줌으로써 조직 내의 신뢰와 일체성을 높여 준다. 최고 의결 기관인 타운미팅에서 결정된 사항은 그 누구도 무시해 버릴 수 없는 원칙이 되는 것이다.

워크아웃은 단계와 절차를 거쳐 결정되는 의사결정 과정이 아니라 모두가 참가해 즉석에서 내리는 의사결정 과정이라는 점에서 관료주의에 대한 도전이었다. 이와 같은 활동은 GE를 바꾸는 혁명적인 일이었다.

직원들은 틀에 박힌 역할을 거부하기 시작했으며, GE 어디에서나 자신의 생각을 거침없이 이야기할 수 있는 조직문화가 정착되기 시작했다. 이미 알고 있었던 사실, 즉 실제 그 일을 하고 있는 담당자들이 그 일에 대해 가장 잘 알고 있다는 사실을 확인시켜 주었다.

이러한 성과들은 자유로운 의사표시에서 시작됐다. 워크아웃을 통해 지위고하를 막론하고 모두 중요한 일을 하고 있다고 생각하는 문화, 모두의 생각이 존중되는 문화, 상사들은 통제자의 위치가 아니라 리더로서 자유로운 문화를 주도하는 역할로 바뀌었다. 단순히 지시만 내리는 명령자가 아니라 같이 뛰며 코치하는 플레잉 코치 역할을 수행하도록 했다. 그 결과 더 좋은 성과를 낼 수 있었다.

워크아웃은 개혁과 혁신을 위한 다양한 아이디어를 통해 실천할 수 있는 개선안을 내놓는다. 개선안에는 낭비 요소 없애기, 회의시간 줄이기 같은 단순한 것에서부터 공급라인 효율성 및 고객가치 향상을 위한 전략까지 광범위하게 다루면서 구성원 사이의 장벽을 없애고 프로세스적인 사고를 하며 권한을 부여해 신속한 의사결정을 유도했다.

잭 웰치가 주도한 워크아웃이 GE에 새로운 기업문화로 정착되면서 모든 업무는 워크아웃 방법으로 추진됐다. 워크아웃을 통해 조직원들의 자신감을 회복시키는 초급 수준에서 출발해 프로세스 개선을 통한 성과향상이라는 중급 수준과 생산성을 높이고 경쟁력을 강화시키기 위한 조직문화 개혁이라는 고급 수준까지 달성했다. 이처럼 GE는 단계적으로 변화됐다.

워크아웃을 통해 성공적인 변화를 이룬 GE는 수많은 베스트 프랙티스(Best Practices)를 창출했다. 이를 강화하기 위해 1992년 이후 변화가속화 운동이라고 칭하는 CAP(Change Acceleration Process) 혁신기법을 개발했다. CAP는 워크아웃의 속도를 가속화시키고, GE 관리자들을 변화리더(Change Leader)로 육성하여 변화의 주체로 삼으며, 워크아웃의 대표적인 성공사례라 할 수 있는 베스트 프랙티스를 조직 내에 전파하는 데 속도를 높이도록 해 주는 기법을 의미한다. CAP는 워크아웃을 바탕으로 GE 조직 내의 소프트웨어 구조조정을 주도하며 비관료적인 열린 기업문화를 구축해 나가는 데 촉진제 역할을 했다.

워크아웃은 1990년대 후반부터 6시그마 프로젝트를 도입해 새로운 경영혁신을 이끌기 전까지 GE의 정신혁명을 이끈 소프트웨어 구조조정이었다. 유독 GE에서 6시그마 효과가 극대화된 이유는 워크아웃 기반에서 출발했고, 더 나아가 CAP가 속도를 높여 주었기 때문이었다. 워크아웃을 통해 조직을 변화시킨 잭 웰치는 21세기를 앞두고 6시그마를 통해 어떻게 일할 것인가를 새롭게 규정하기 시작했다.

벽이 사라지자 조직이 학습하기 시작했다 – 벽 없는 조직

잭 웰치는 혐오할 정도로 관료주의를 싫어했고, 회장직으로 있었던 20년 동안 GE 안에 존재하는 모든 관료주의를 타파하기 위해 노력했다. 그러기 위해서는 GE 내부 조직을 변화시키기 위해 개혁을 가속화시킬 방안이 필요하다는 점을 인식하고 고민하던 중 '벽 없는 조직(Boundarylessness)'을 창안했다.

1990년 카리브해(Caribbean Sea)에서 크리스마스 휴가를 보내고 있던 잭 웰치의 머릿속에 갑자기 '바운더리리스(boundaryless)'란 단어가 떠오르자 무릎을 쳤다. 바운더리리스란 계층 간, 부서 간, 사업 부문 간 존재할 수 있는 모든 장벽이 없는 그런 상태를 의미한다. 조직 내 존재하고 있는 물리적·심리적 벽을 헐어 버릴 수만 있다면 자연히 조직은 유연해지고 구성원들 간에는 의사소통은 활발하게 일어날 수 있다고 생각했다.

바운더리리스 조직(Boundaryless Organization)을 벽 없는 조직이라고 칭했다. 실제로 벽 없는 조직이 돼 조직 내 모든 물리적·심리적 장벽을 없앨 수만 있다면 개혁은 가속화될 것이고, 학습할 수 있는 지식기반을 마련할 수 있으며, 결국 열린 조직문화를 가질 것이라고 판단했다.

당시 GE 내에서는 보이지 않는 벽이 너무 많았다. 조직이 크면 클수록 부하와 상사 그리고 부서와 부서 간의 장벽이 생기며, 이것은 조직의 효율성을 저하시키는 암적 요소가 되기도 했다. 관료적 대기업 문화로 인해 구성원들 간에는 배타적 감정과 냉소주의가 만연했고 관리자들은 직속상사 외에 다른 직원들과는 정보를 공유하지 않으려고 했다.

고객이나 협력사와 마주할 때도 업무와 절차만을 중시한

비인간적인 문화로 인해 관계 형성이 매우 어려웠다. 어쨌든 새로운 조직문화를 만들기 위해 암적 요소를 제거해야 했다.

그 후 잭 웰치는 기회가 있을 때마다 벽 없는 조직에 대해 강조했다. 인사회의에 참석해 인사평가 기준을 벽 없는 조직에 맞춰 모든 관리자들에게 등급을 부여하도록 했다. 관리자들은 얼마나 벽 없는 조직이란 개념을 잘 이해하고 있는지 그리고 어떻게 실행해 왔는지를 평가받았다. 이러한 제도적 장치를 통해 임직원들이 그 개념이 얼마나 중요한 것인지를 즉시 깨닫도록 해 주었다.

GE에서는 인사평가 결과에 따라 스톡옵션, 급여, 승진 그리고 해고 여부가 결정됐던 만큼 자신의 생존과 즉결되는 제도적 지침에 모두 민감하지 않을 수 없었다. 그만큼 조직 내 전파는 매우 용이했다. 성과를 내는 것도 중요했지만 벽 없는 조직에 대한 가치를 공유하고 있지 않는 사람들이 가장 먼저 해고됐다.

아무리 좋은 개선안을 내놓아도 그 자체로는 사람과 조직을 변화시킬 수 없었다. 조직에서 받아들일 수 있는 토양을 마련해야 했다. 특히 GE는 8~9단계에 이르는 계층구조로 인해 신속한 의사결정과 지식전달은 불가능해 보였다. 이에 잭 웰치는 이 구조를 3~4단계로 과감히 줄여 버렸다.

중간 결제라인이 대폭 줄자 직원들은 더 큰 권한과 중요한 임무를 부여받았다고 생각하기 시작했고 자율성과 생산성이 높아졌다. 방해되는 장벽을 제거하자 유연하고 탄력적인 조직문화가 형성됐다.

이것으로 모든 것이 해결되는 것이 아니었다. 적절한 제도적 지원을 통해 조직원의 행동을 바꿀 수 있도록 가치를 뒷받침해 주어야만 했다. 그래서 잭 웰치는 훌륭한 개선안을 제안한 조직원보다는 그 제안에 대한 가치를 인정하고 실제로 적용해 발전시킨 조직원에게 더 큰 보상을 해 주었다.

따라서 관리자들은 조직원을 통제하기 위한 수단으로 지식을 독점하고 있어서는 안 된다는 사실을 알았다. 조직원들과 충분히 공유해야 할 필요성이 있었다. 이는 조직 구성원들 간의 관계를 맺는 방식에 있어 과거와는 전혀 다른 혁명적인 변화였던 셈이다.

먼저 개인별 평가를 통해 급여와 스톡옵션 그리고 승진과 해고라는 차별화된 인사원칙을 지켰으며, 성과에 대한 가치를 반영시켰다. 성과 보너스는 개인이나 부서의 성과보다 회사 전체의 성과를 우선시해 개인과 조직 간의 벽을 제거시키면서 벽 없는 조직을 조직 내에 완성된 제도로 정착시켰다.

벽 없는 조직은 자유로운 의사소통을 막는 어떠한 장애물도 존재하지 않는 그런 조직을 말한다. 부서 내, 부서 간, 조직 내, 조직 간 그리고 조직을 둘러싸고 있는 모든 경계가 무의미해진다. 국내영업이니 해외영업이니 하는 구분도 사라지고, 세계 어디에서 일하든 지역 간 벽이 존재하지 않는 그런 조직을 의미할 뿐 아니라, 심지어는 회사와 협력사 그리고 소비자 간에 존재하는 모든 외적인 벽조차 허물어 버려야 하는 것을 의미한다. GE가 추구하는 세계화(globalization) 전략도 벽 없는 조직을 통해서 가능했던 셈이다.

이와 같은 변화를 통해 다른 조직의 아이디어와 성공사례에 대해서도 개방적인 태도를 취할 수 있었다. 조직 내 베스트 프랙티스에 대한 공유와 함께 외부의 성공사례까지 찾아 나서고, 매일 더 나은 방법을 찾아 공유하고 받아들이기 위해 노력하는 그런 조직의 모습으로 변모했다.

자연스럽게 조직 전체가 학습하는 학습조직(Learning Organization)이 됐다. 새로운 지식은 모든 구성원들에게 빠르게 전파돼 조직 내에서 공유되기 시작하면서 조직의 문제해결 능력도 한층 높아졌다.

잭 웰치 본인도 직접 나서서 외부 지식을 학습한 후 조직 내에 전파시켰다. 거대기업 월마트가 어떻게 빠르게 움직일 수 있는지를 월마트 현장에 가서 직접 확인했다. 월마트는 정보 시스템으로 제공되는 판매 및 재고량에만 의존하는 것이 아니라 본사의 지역 판매 담당자들이 매주 현장에 출장을 가서 지역별 동향 및 원인을 파악하고 이에 적절히 대처했기 때문에 주인이 직접 경영하는 소규모 상점처럼 민첩하게 대응할 수 있었다.

잭 웰치는 이런 방식을 배워 바로 GE에 적용시켰다. 사업 부문장뿐만 아니라 마케팅·판매·생산 부문의 관리자들은 생산, 가격 그리고 품질 등과 관련해 현장 영업팀과 접촉한 후 의사결정을 내리도록 했으며, 조직 내 스피드를 강조했다.

벽 없는 조직이 정착되면서 지식경영(knowledge management)이라는 새로운 목표가 생겼다. 이렇게 해서 전 세계적으로 선풍적인 유행을 탄 지식경영 혁명은 GE의 성공사례를 바탕으로 촉발됐고, 혁신을 꿈꾸는 수많은 기업들은 GE를 벤치마킹(benchmarking)하면서 벽 없는 조직이라는 개념을 받아들였다.

GE에서는 지식의 출처가 어디에서 왔는지에 대해 문제 삼는 관료적 발상은 절대 용납하지 않았다. 다만 그 지식이 초일류를 지향하고 있는지에 초점을 맞췄다. 그렇게 해서 탄생한 지식이 바로 세계화, 서비스, 6시그마, 이비즈니스와 같은 GE의 주요 전략이 됐다.

벽 없는 조직은 지식을 찾는 벽뿐 아니라 지식을 받아들이는 벽도 함께 무너뜨렸다. 최고의 지식이 있으면 여기저기 퍼뜨리면서 지식전파에 있어서도 벽을 없앴다.

지식은 직급에서 나오는 것이라고 생각했던 관료적 조직문화는 더 이상 존재하지 않았다. 하루만 지나도 신지식이 구지식이 돼 버리는 지식의 속도에 직급과 연공은 무너졌다. 자유롭게 의사를 밝히고 토의하고 누구에게서나 기꺼이 배워야 하는 학습문화가 창출됐다.

GE에서는 일하는 능력을 제한하는 모든 장벽을 없애기 위해 부단히 노력했다. 벽이 없어진 조직에서는 아무리 낮은 직급의 직원이라도 창의적인 아이디어를 얘기하도록 문을 열어놓았고, 그의 제안은 존중받았으며, 관리자들은 그 제안을 실행시키는 데 주력했다.

관료적인 틀에서는 사장돼 버릴 만한 아이디어들이 벽을 없애 버리자 살아나서 조직을 변화시키는 핵심 원동력이 됐다. 전 직원이 함께 내린 의사결정에 대해서 모두 책임감과 주인의식을 갖고 일하기 시작했다.

이런 벽 허물기 작업은 조직 내 관리자들이 먼저 열정을 갖고 주도했다. 벽 없는 조직은 잭 웰치가 추구하는 조직 속의 관료적인 벽을 허물어뜨리고 창조적인 학습조직을 구축하는 데 일등공신이 됐다.

회사란 최고의 인재가 모여 최고의 성과를 내는 곳이다 – 잭 웰치 리더십개발센터

잭 웰치는 자신이 GE에 입사해 CEO가 될 때까지 노력했던 자기계발 경험과 자기를 믿고 지원해 준 상사들에게 배운 가치관을 토대로 "회사란 최고의 인재가 모여 최고의 성과를 내는 곳"이라는 강한 신념을 지니고 있었다.

그런 신념하에 회장 취임 초기부터 기업의 미래를 짊어질 인재를 육성하기 위해 인적자원 개발에 파격적인 지원을 감행했다.

1950년대 초 당시 GE 회장이었던 랄프 코디너(Ralph Cordiner)는 사업 다각화를 시도하면서 중앙 집중적인 권한을 사업 부문별로 분권화하기 시작했다. 사업 다각화와 권한 분권화로 인해 더 많은 경영자들이 새로 기업을 운영해야 할 경영기법을 배워야 했다.

코디너는 GE 경영자들을 위한 비즈니스 스쿨을 찾을 것을 요구했지만 어떤 곳에도 GE 요구를 충족시켜 줄 프로그램이 없었다. 결국 코디너는 자체 연수원을 설립해 직접 운영할 것을 지시했다. 이렇게 해서 탄생한 곳이 바로 뉴욕 주 오시닝(Ossining) 시 허드슨 계곡(Hudson Valley)에 있는 21만여 제곱미터 규모의 GE 크로톤빌(Crontonville) 연수원이었다.

이곳에서 목표관리제도(MBO, management by objectives), SWOT(strength, weakness, opportunities, threats) 분석과 전략계획(strategic planning) 등 교육 프로그램을 운영하면서 연간 수천 명의 관리자들에게 다양한 경영기법을 교육시켰다.

하지만 교육방법은 강의 위주의 주입식 교육이었으며, 교육 성과 평가와는 상관없이 규모 위주의 교육 실적만을 중시하는 외부 과시적으로 운영됐다.

잭 웰치는 새로운 조직문화 창조와 사고의 변화를 일으킬 전사적 촉진제가 필요함을 인식하고 GE 전체에 변화를 실행하고 확산할 목적으로 크로톤빌을 인재사관학교로 개조할 필요성을 느꼈다.

취임 초기부터 시설을 개축하고, 세계 각지 GE 직원들을 교육시키기 위해 연간 10억 달러 이상을 지속적으로 투자를 했다. 그 결과 크로톤빌은 새로운 변화를 이끌 리더 양성과 GE를 개혁하기 위한 경영혁신 기법을 가르치는 세계 최고 수준의 비즈니스 스쿨이 됐다.

GE는 인사와 교육이 따로 관리되는 다른 기업들과는 전혀 달랐다. 잭 웰치가 목표하는 GE 인재개발 모델은 글로벌 경쟁에서 승리하는 멀티 플레이어를 양성하는 데 있다. GE 직원들은 입사하면서부터 인재개발 모델에 의해 핵심인재로 육성될 수 있는 기회를 제공받는다.

인재개발 모델은 다음 여섯 가지로 요약될 수 있다.

첫째, 경력가속화(Career Acceleration) 모델로 직원들의 경력을 조기에 향상시키는 제도이다. 전 세계 GE의 사업장을 철저하게 감사하는 글로벌 감사요원(Corporate Audit Staff) 제도, 6시그마 품질자격 그리고 전사적으로 실시하는 특정 이니셔티브 추진요원 등을 통해 조직원들의 경력을 단기간에 향상시킬 수 있도록 했다.

둘째, 코칭(Coaching) 모델은 경영자를 비롯하여 경험 많은 관리직 사원들이 멘토(mentor)로서 양성해야 할 대상자를 멘티(mentee)로 지정하여 멘티 업무 능력 조기향상과 네트워크 구축에 도움을 주는 멘토링(mentoring) 프로그램을 제공한다.

또한 직원들의 리더십을 향상하기 위해 특정 사업 부문과 기능에 국한되지 않고 리더십 향상 기회를 경험할 수 있는 리더십 포럼(Leadership Forum), 최고 경영진들과 격 없는 대화를 나눌 수 있는 하이 포탠셜(Hi-Potential), GE 이니셔티브를 추진하는 핵심인재들과 솔직하고 개방적인 토론 기회를 제공하는 라운드 테이블(Round Table) 등을 통해 코칭활동을 펼쳤다.

셋째, 글로벌경험(Global Experience) 모델로 해외에 직원을 단기간 파견하여 해외 근무 기회를 제공함으로써 북미, 유럽, 아시아 등 전 세계 각 지역시장을 주도해 나갈 글로벌 시각과 경험을 익히도록 했다.

넷째, 스트레칭(Stretching) 모델은 동기부여를 통해 개인의 자발적인 의지로 창의적 능력을 극대화시켜 자신이 달성할 수 있는 직무와 목표를 최고로 확장하게 함으로써 인재의 잠재 능력을 계발하도록 했다.

다섯째, 사업 부문 간 순환 근무 모델로 GE의 11개의 서로 다른 사업 부문에 근무 기회를 제공함으로써, 산업과 지역 및 제품과 서비스 등에 대한 폭넓은 경험을 얻도록 하여 인재를 개발하도록 했다.

그리고 마지막 여섯째, 교육훈련 프로그램 모델이다. 리더십 및 직무개발에 중점을 둔 교육을 실시했다. 교육은 바로 개혁을 주도하는 원동력이 됐던 셈이다. 주입식 교육을 철폐하고 현장밀착형 교육 프로그램을 도입했으며, 교육 대상자 선발과 교육성과에 대한 엄정한 평가를 함으로써 그 결과를 토대로 인사고과와 승진, 업무 배치에 중요한 자료로 활용했다.

잭 웰치는 높은 관심을 갖고 교육 프로그램 개발에 관여하기도 하고 교육에 직접 참여하기까지 했다. 또한 기업의 존폐는 바로 핵심인재의 능력 발휘 여부에 있다고 믿고 있던 터라 새로운 미래를 개척해 나갈 우수한 인재를 회사가 직접 양성하고 그들이 중심이 돼 GE의 개혁 프로그램을 주도할 수 있도록 적재적소에 배치하는 데 심혈을 기울였다. 마음껏 자신의 능력을 발휘할 수 있도록 권위주의를 타파하는 데 지원을 아끼지 않았다.

전 세계 현장을 직접 방문할 때마다 자신이 선발해 양성한 핵심인재들이 어떤 일을 어떻게 하고 있는지 그들의 활약상을 직접 확인하기도 했으며, 중요한 요직에 인재를 등용할 때 아이비리그의 좋은 학교 출신이란 화려한 이력서보다는 인사평가 시스템인 EMS(Executive Management System)에 의해 회사가 추구하는 가치관을 지니고 열정을 가진 인재를 선발해 능력을 발휘할 수 있도록 했다.

GE는 위기에 둔감하고 권위적이며, 비대하고 느린 조직이었지만 크로톤빌을 통해 양성된 인재들이 변화를 주도했다. 인사와 제도를 개선하고, 혁신 프로그램을 추진하고, 변화를 가속화시키고, 인재 육성에 힘쓴 결과 민첩하고 빠른 스피드보트로 변하면서 GE는 세계에서 가장 강력한 기업이 됐다. 이런 GE의 변화는 회장 취임 초기 누구나 단행하는 일시적인 캠페인으로는 불가능한 일이었다.

이러한 개혁의 성공에는 회사가 추구하는 가치관과 보상제도의 일체 그리고 인재사관학교인 크로톤빌 연수원 즉, 잭 웰치 리더십개발센터(John F. Welch Leadership Development Center)가 중심에 있었기 때문에 가능했던 것이다.

크로톤빌 연수원은 교육관(The Education Building), 학습센터(The Learning Center), 주거동(The Residence Building), 피트니스센터(The Fitness Center)와 레크리에이션센터(The Recreation Center) 등을

갖추고 있다.

물론 첨단시설도 구비되었지만 세계 최고의 연수원의 명성은 시설에서 나오지 않았다. 시설은 언제라도 투자만 된다면 중동 혹은 중국이나 동남아의 마천루처럼 꾸밀 수 있기 때문이다. 이제 우리나라 경영자들이 가장 교육받고 싶어 하는 장소인 GE 크로톤빌 연수원을 둘러보기로 하자.

교육관에는 3개의 계단식 강연장을 보유하고 있다. 이 중 피트(The Pit)라고 부르는 대강연장은 100명 넘게 수용할 수 있는 곳으로 이곳은 잭 웰치는 개혁을 주제로 직원들과 난상토론을 벌였던 곳이기도 하며 저명한 강사진들이 도전적이며 흥미로운 강의를 진행했던 곳이다.

교육관에는 참가자들이 소규모 그룹을 이루어 토론할 수 있는 분임 토의실을 다수 보유하고 있다. 참가자들은 휴식시간에 교육관 앞마당 또는 테라스에 모여 자유롭게 토론을 하기도 한다.

학습센터도 교육관과 마찬가지로 첨단 디지털 시설이 구비돼 있어 학습활동을 지원해 준다. 학습센터는 학습을 토론중심으로 운영하기 위해 이른바 대형 토론실인 그레이트룸(The Great Room)을 특징으로 한다. 한 방에 150명까지 수용할 수 있고, 그 주변에는 수많은 분임 토의실을 갖추고 있는 것이 특징이다. 이런 그레이트룸과 최첨단 분임 토의실은 3개의 구획으로 나뉘어 있다.

벽돌이 깔린 도보 길은 교육관과 학습센터를 다른 건물로 연결시켜 주고 있어 크로톤빌을 하나의 아이비리그 캠퍼스(Ivy League Campus)와 같은 느낌을 전해 준다.

편의시설로는 숙식이 가능한 주거동과 피트니스센터와 레크리에이션센터를 갖추고 있다. 주거동은 통상 하루부터 3주 걸리는 교육과정 동안 참석자들이 머물 수 있도록 190개의 넓은 객실을 구비하고 있다. 숙소는 인터넷과 보이스 메일을 이용할 수 있도록 돼 있고, 주거동 내에는 식사를 할 수 있는 넓은 식당과 다양한 카페가 함께 있다.

피트니스센터는 조깅은 물론, 소프트볼, 테니스, 라켓볼, 농구, 배구를 할 수 있도록 코트가 구비돼 있다. 레크리에이션센터는 140년 된 낡은 농가를 개조해 당구, 다트, 탁구 등 다목적 레크리에이션 활동을 하도록 했다. 참가자들은 바쁜 일과 후 이곳을 통해 대화와 네트워크를 구축한다.

크로톤빌 리더십 교육 프로그램은 GE 내부 경영진들과 외부 강사진들로 구성된다. 커리큘럼은 항상 프로젝트를 교육의 기초로 활용하여 교육과 기업을 연결하고 있으며 개별 사업 부문과 특정 기능에 국한된 사고에서 벗어나 항상 '빅 GE(Big GE)'를 강조한다.

동시에 GE의 최고 경영회의체인 CEC(Corporate Executive Council) 멤버들이 참가자들에게 직접 강의하고 교육할 수 있는 기회를 제공하기도 한다. 최고 경영회의체에는 고위임원들과 11개 사업 부문 대표 그리고 본사 부사장급 임원들로 구성돼 있다.

주요 리더십 프로그램으로는 관리자개발과정(MDC), 비즈니스관리과정(BMC)과 임원역량개발과정(EDC)으로 이루어져 있다. 이 중 비즈니스관리과정과 임원역량개발과정에서는 최고경영자가 실제 당면하고 있는 문제를 과제로 받아 이에 대한 해결책으로 탐구 및 대안을 제시하는 이른바 액션러닝(Actions Learning)으로 진행된다. 참가자들이 직접 조사한 후 마련된 최종 제안서는 마지막 날 최고경영자인 회장에게 직접 제시해야 되며 이에 대한 제안이 채택될 경우 바로 시행해야 하는 특징을 갖고 있다.

관리자개발과정(MDC, Manager Development Course)은 11개 사업부문 CEO가 참가자를 최종 결정하고 연간 8회에 걸쳐 개최된다. 참가자들은 미래 경영자로 분류된 SP(Senior Professional)와 E(Executive)급에 속하는 다양한 직무를 수행 중인 관리자들이다.

이들은 글로벌 차원에서 경쟁이 심한 사업을 운영하는 데 필요한 리더십 기법을 개발한다. 전략적 사고와 임원 리더십, 위기관리 등을 중점적으로 배우면서 실제 사업 시뮬레이션 등 다양한 리더십을 개발한다. GE에서 핵심적인 역할을 수행할 수 있는 능력을 갖추도록 하는 데 목적이 있다.

비즈니스관리과정(BMC, Business Management Course)은 11개 사업 부문 CEO가 추천하고 회장이 최종 결정하며 연간 3회에 걸쳐 개최한다. 글로벌 시장의 중요성과 급변하는 경쟁 환경으로 인해, 특정 사업의 성장 잠재력을 가진 고위임원들(Executive 혹은 Senior Executive)이 참가한다.

3주가 넘는 과정 동안 다문화 팀과 환경, 글로벌 경쟁과 분석, 고객중심전략, 글로벌 문제해결, 리더십 등 시장 지향적 전략과 글로벌 리더십 기법을 개발하는 데 중점을 둔다. 특히 이 과정에는 사업의 실제 문제를 다루고 실행 가능한 전략을 만들어 내는 이른바 액션러닝이 포함돼 있다. GE가 당면한 주요 과제에 대한 해결책을 직접 회장과 CEC 멤버들 앞에서 제안하도록 요구받는다.

임원역량개발과정(EDC, Executive Development Course)은 회장이 직접 참가자를 선발하며 연간 1회 개최된다. 3주 이상 진행되는 이 과정은 SE(Senior Executive)급에 속하는 최고위 임원들이 참여한다.

이들은 최고경영자가 제안하는 프로젝트를 수행하여 실제 GE가 당면한 사업의 문제를 해결하도록 요구받는다. 참가자들은 벽 없는 조직, 세계 각 지역별 문화적 다양성을 강조한 고객 중심적 글로벌 전략을 만들어 내는 것 등 GE의 미래를 좌우할 전략을 수행할 수 있도록 중점적으로 훈련받는다. 또한 문제해결을 위해 다양한 산업의 비즈니스 전문가들과 사회·정치 분야의 지도자들을 프로젝트 해결을 위해 참여시키기도 한다.

크로톤빌에서는 리더십 훈련과 관련해 각 직무별 맞춤형 리더십 육성 프로그램도 개발했다. 직무에 따라 다양한 전문 리더십 프로그램을 제공한다.

재무 분야의 경우에는 FMP(Financial Management Program), IT 분

야는 IMLP(Information Management Leadership Program), 연구개발 분야는 EP(Edison Program), 엔지니어 분야는 TLP(Technology Leadership Program) 등이 있다. 인사 분야에 대해서는 HRLP(Human Resources Leadership Program), 영업 분야는 CLP(Commercial Leadership Program) 등을 운영하고 있다.

리더의 선발·육성은 매년 1월에 시작하여 5월 말까지 지역별 및 각 사업부별로 실시하는 세션 C(Session C)의 주요 활동을 통하여 개인의 성과와 가치관을 기반으로 경영자, 간부, 직원에 대한 경영성과 및 가치를 평가한다.

이 평가 결과를 전 직원에게 있는 그대로 전달함으로써 자신의 발전을 위해 무엇을 어떤 식으로 유지·보완해야 할지를 알도록 해 준다. 또한 효율적인 조직운영을 위해 회사의 주요 핵심사항에 대해 검토하여 계획을 수립하는 과정도 포함된다.

이러한 리더십 프로그램에 참가하는 직원들은 2년 동안 매 6개월마다 다른 사업 부문을 순환해 가면서 4번의 다른 직무를 경험한다. 그중 한 번 이상은 글로벌 경험을 할 수 있도록 해외근무 기회를 준다.

이들은 확장된 직무와 목표를 부여받고 실제 현장에서 발생되는 문제를 해결하도록 액션러닝 프로젝트를 수행한다. 또한 경영자 및 고위 관리자들에게 코칭을 받으며 다양한 네트워크를 구축할 기회를 얻는다.

크로톤빌의 사명은 조직학습을 창조하고, 발굴하여 조직 내에 전파함으로써 GE의 성장과 경쟁력을 세계 최고 수준으로 향상시키는 데 있다.

GE는 전 세계에서 다양한 사업 부문의 리더들과 각 직무별 전문가들이 활약하고 있지만, 교육만큼은 크로톤빌 연수소를 중심으로 통합돼 진행되고 있다. 조직을 바꿀 새로운 가치관 확립과 핵심인재 육성을 위한 한 방향 메시지를 전달하는 데 크로톤빌에 집중해야 할 필요가 있었기 때문이다.

바로 조직원, 협력사, 고객을 위한 다양한 크로톤빌 교육 프로그램 개발을 통하여 GE 임직원들이 전 세계 현장에서 일어나고 있는 문제를 즉시 해결하거나, 새로운 문제점들을 해결할 능력을 배양하고 그들의 지식을 고객과 나눌 수 있도록 하는 것이 잭 웰치의 의지이기도 했다. 잭 웰치가 제시한 미래의 GE 전략에 크로톤빌이 그 중심에 서 있었다.

GE의 대표적인 경영전략 - 네 가지 이니셔티브

21세기 진입을 앞두고 GE는 세계 최고 기업으로서 다양한
서비스와 기술력을 가졌다. 1980년대 초반과는 전혀 다른 상
황이었다. GE의 각 사업부는 세계 최고의 기술과 서비스를 제
공하기 위해 끊임없이 노력하고 있었다.

잭 웰치는 퇴임 이후에도 GE가 세계 최고의 기업으로 지속
발전하기 위해서는 세계화, 서비스, 6시그마, 이비즈니스 같이
GE 이니셔티브가 될 대표적인 경영전략이 필요하다고 강조했다.

바로 이 네 개의 전략이 미래형 GE를 만들어 가는 밑바탕
이 될 것으로 제시됐는데 열쇠는 바로 인재에게 있었다.

세계화는 인재에 대한 투자

세계화란 세계시장에 제품과 서비스를 판매하여 이윤을 증대시키기 위한 노력뿐만 아니라 회사의 모든 활동이 세계적인 경쟁력을 가지는 것을 의미했다.

또한 GE는 급변하는 시장 리스크로 인해 불확실성이 증대되는 상황임에도 가격 경쟁력을 지키고 살아남기 위해 노력한 결과 원자재, 부품 등 구매 부문에 있어서도 세계 최고의 경쟁력을 지닌 기업의 자리를 유지할 수 있던 것 또한 세계화 전략의 일환이었다.

하지만 미래에 잭 웰치가 추구하고자 하는 세계화란 특히 전 세계 곳곳에 퍼져 있는 지적 자산, 즉 인재를 찾아내고 그 인재들에게 투자하는 것을 의미하는 것이었다.

잭 웰치는 다음 세기에 GE가 세계적인 인재에 의해 창출된 전 세계시장을 목표로 한 고부가가치의 세계적인 제품과 서비스를 전 세계시장에 제공할 것이라는 점을 강조했다.

고객 서비스는 학습조직에서 출발한다

고객 서비스는 고부가가치 제품인 제트엔진, 터빈, 의료기기 및 기관차 등의 부품을 교체하고 정밀검사, 제품수리를 하는 등의 전형적인 의미의 서비스에서 출발했다.

하지만 잭 웰치가 제시하는 미래 서비스 전략이란 이미 판매한 제품이나 설비 등을 향상시키기 위해 기술 및 서비스를 계속해서 제공함으로써 각 사업의 수행을 좀 더 원활하게 하자는 데 있다. 단순히 제품을 분해하거나 검사하는 등의 1차적 서비스뿐 아니라, 연소율이 개선된 엔진, 효율성이 좋은 터빈, 더 높은 해상도의 CT 스캐너와 같은 향상된 성능의 기술을 추가로 제공함으로써 기존의 서비스를 개선시킬 수 있는 방법을 모색했다.

이를 통해 GE는 생산자 위치에서 고품질 제품을 제공하는 것뿐만 아니라 고객들이 기존에 보유하고 있는 기계 및 장비에 대해 더욱 발전된 기술을 제공하는 기업이 됐다. 즉, 고객의 생산성 향상과 수익성을 증대시킬 수 있도록 지원하는 데까지 서비스의 개념을 한 차원 높였다.

고객 서비스를 좀 더 넓고 중요한 의미로 확대시키자 단순히 제품을 생산해 판매하는 데 그치는 것이 아니라 고부가가치 및 정보기술 중심의 생산성 제고를 위한 솔루션을 제공하는 컨설팅 기업으로 변모할 수 있었다.

GE는 학습조직이다. 구성원 간, 부서 간, 회사 내부에서 뿐만 아니라 회사 외부에서까지 배우려고 하는 그칠 줄 모르는 학습문화가 조직 전반에 내재돼 있다. 그리고 이 특징이 고객 서비스를 강화시켜 나가는 원동력이 되고 있다.

6시그마는 전 사원이 벨트를 맬 때 성공한다

6시그마란 GE에서 생산하는 모든 제품이나 서비스, 거래 및 공정과정 전 분야에서 품질을 측정하여 분석하고 향상시키도록 통제하고 궁극적으로 모든 불량을 제거하는 품질향상 운동을 의미한다. 즉, 최고 품질의 제품을 만들 뿐 아니라 그 제품의 완벽한 품질을 유지하는 것을 말한다.

6시그마는 모토로라에서 개발했지만 GE에 와서 극대화됐다. 그 이유는 GE가 6시그마를 시행했던 기업들이 어떤 발전과 실수를 해 왔는가를 전략적으로 분석하고 시행했기 때문이다.

잭 웰치는 매년 10억 달러 이상을 6시그마에 투자했고, 투자수익률은 매년 1.5배 이상 기하급수적으로 증가됐다. 6시그마를 통해 상당한 비용절감 효과를 보았으며, 특히 운영상의 효율성 면에서 현저한 향상이 있었다.

1980년대 내내 기존의 방법대로 영업이익과 운영자본회전율 향상을 위해 많은 노력을 기울여 왔지만 매년 소수점 내의 향상에서 그쳤다. 하지만 이러한 전형적인 방법을 뛰어 넘는 전략으로 6시그마가 도입되자 첫해 1995년 이익률 13.6퍼센트, 회전율 5.8퍼센트에서 불과 3년 만에 이익률 16.7퍼센트, 회전율 9.2로 향상됐다.

또한 공장 및 장비 이용에 대한 감가상각률도 1998년 1.2로 떨어졌고 2000년 0.7까지 하락됐다. GE는 이러한 실적을 토대로 잭 웰치가 퇴임하는 2001년까지 6시그마로 인해 수백

억 달러 이상의 놀라운 경영성과를 달성했다.

6시그마는 21세기 GE에게 있어 계획하여 생산하는 모든 제품과 서비스 그 자체를 의미했다. 6시그마 원리를 적용한 제품들이 시장에 진출하면서 GE의 제품 경쟁력 또한 경영수치 이상으로 훌쩍 뛰어올랐다. 고객들에 의해 설계되고 고객들이 요구하는 특성을 가려내는 수치화된 엄격한 6시그마를 위한 디자인이 실행됐기 때문이다.

라이트스피드(Light Speed) 스캐너가 그 좋은 예이다. 기존 스캐너가 가슴을 스캐닝 하는 데 3분이 소요된 반면 GE의 라이트스피드 스캐너는 17초밖에 안 걸렸다. 숨 쉬는데 불편한 폐색전증 환자의 불편을 해소하려는 노력이 결국 경쟁력 높은 제품을 만들었던 것이다.

또한 26초 안에 몸 전체를 진단할 수 있어서 생사를 오가는 응급환자에게 도움을 주었고, 덩달아 병원에도 스캐닝 효율을 높여 비용을 절감시켜 주었다. 그 결과 출시한 지 90일 만에 6,000만 달러의 매출을 기록했고, 고객 만족도도 GE 역사상 그 어떤 제품보다 좋았다.

GE는 신제품과 서비스 개발에 있어 6시그마를 위한 디자인(DFSS, Design for Six Sigma)을 적용하면서 고객들과 함께 성공을 맛보았다.

하지만 초창기 고객들은 잭 웰치와 GE에 6시그마에 대해 수많은 질문을 쏟아부었다. 대부분 GE의 성공비법을 배우고 싶어 하는 내용의 질문이었지만 그중에는 "우리는 언제 6시그마의 혜택을 받을 수 있나요?”, “우리 회사는 언제 GE의 연차 보고서에 나오는 성공적인 6시그마의 수치를 느낄 수 있을까요?”와 같은 불만 섞인 질문도 있었다.

GE는 ‘발주에서 납품까지’, ‘내부처리 소요시간’과 같은 내부과정들을 향상시키는 데 주력해 왔다. 초창기 GE는 6시그마를 적용해 평균치를 상승시키는 데 목적을 두었다.

수주에서 납품까지 기일의 평균을 7일로 낮추는 개선 방안을 수천 개의 내부 프로세스를 통해 반복하여 실시했다. 그 결과 평균값은 7일 이내로 나왔고 재가공률이 현저히 감소되었고 현금 유입은 크게 증가했다. 그러나 평균치가 언제 어디서나 적용되는 것은 아니었다.

실제 배달에 있어서는 편차가 컸다. 어떤 제품은 4일 만에 배달될 수 있었고 어떤 제품은 배달되는 데 20일 이상 걸렸다. 고객들은 이러한 일관성 없는 편차를 보면서 아무것도 달라진 것이 없다고 느꼈다.

그러자 6시그마 효과를 고객들과 함께 할 필요성이 생겼다. 고객의 욕구와 내부 프로세스 사이에 존재하는 변수를 측정하여 고객에게 서비스하는 데 생기는 편차를 완전히 제거해야 했다. 고객에 대한 모든 편차는 해악이다. 평균값만으로는 아무런 의미가 없다. 고객들은 내부 프로세스 향상과 GE 경영수치에는 별다른 관심이 없기 때문이다.

이에 대한 해답도 결국 사람에게 있었다. GE는 전 세계에 근무하는 모든 직원들에 대해 6시그마 전문가 초급 수준인 그

린벨트(Green Belt)를 보유하도록 했으며, 또한 중급 수준인 블랙벨트(Black Belt)와 고급 수준인 마스터 블랙벨트(MBB, Master Black Belt)를 따도록 독려하고 훈련을 시켰다.

그 결과 사업 부문 경영자들뿐 아니라 임원들 모두 6시그마 전문가들로 채워졌다. 또한 6시그마를 주도한 사람들만이 사업부장, 재무담당 이사, 영업 부사장, 회계감사 부사장 또는 멕시코 GE 사장 등 GE의 각 부문에 요직을 맡고 있다.

이들은 6시그마 전문가답게 용어와 기법을 활용해 일할 수 있었다. 그 결과 GE의 분위기와 경영스타일은 6시그마가 됐고 바로 고객의 관심과 이익에 초점을 맞춰 고객들에 대한 편차를 줄일 수 있었다.

GE가 제공하는 제품과 서비스는 고객의 비용을 현저히 절감시켜 주고 생산성을 향상시켜 줘야 한다는 점에서 서비스 전략과 6시그마는 공통점을 지니고 있으며 전 세계 인재가 주도해야 성공할 수 있다는 점에서 세계화 전략과 6시그마는 또한 공통점이 있다.

이비즈니스는 미래형 GE를 위한 엄청난 기회

잭 웰치는 이비즈니스가 지금까지 어떤 전략보다도 더 큰 기회를 부여할 혁명과 같은 도구이라고 강조했다. 인터넷의 확산에 따라 다른 회사와 마찬가지로 GE 역시 새로운 환경에 대응해야 할 필요성을 느꼈다. 그 후 GE는 이비즈니스를 통해 협력 업체, 파트너 그리고 고객들과의 관계와 거래를 통합하고 최적화하도록 급속히 변화·발전시켰다.

이러한 변화는 GE뿐만 아니라 전 세계 어느 누구에게나 동등한 기회를 주는 것이지만 이비즈니스는 변화를 사랑하고 경쟁적 우위를 얻기 위해 빠르게 대처하는 GE와 같은 기업들에게만 경제적 이익을 제공해 주는 냉정한 정글의 세계와 같은 것이었다.

한국의 경영자에게

퇴임을 앞두고 있던 잭 웰치는 1999년 10월 4일 두 번째 부인이었던 제인 웰치(Jane Welch), 인사담당 부사장 빌 코너티 (Bill Conaty) 등과 함께 한국을 방문해 우리나라 경영자들을 위한 오찬 강연회를 개최했다. GE 회장으로서 한국에서 열린 처음이자 마지막 강연회여서 하얏트 호텔 그랜드볼룸에는 대기업 회장, 장관, 대학총장, 은행장, 언론사 대표, 국회의원을 비롯한 당시 국가 지도자급 인사들이 자리를 꽉 메웠다.

당시 GE는 IMF(International Monetary Fund) 구제 금융 이후 구조조정을 앞두고 있던 우리 정부와 기업들이 가장 배우고 싶어 하는 기업이었다. 잭 웰치가 GE 회장직에 오른 후 20여 년 동안 추진한 구조조정과 위기관리 노하우는 세계 기업사를 바꿀 만한 혁명적인 도전이었기 때문이다. 잭 웰치는 이날 위기 경영, 인사관리, 인재육성에 대한 내용을 토대로 강연을 이끌었다. 다음은 잭 웰치의 연설 전문이다. 주최 측 담당이었던 필자가 직접 번역한 내용으로 본서에 기록된 모든 내용을 압축적으로 설명하고 있는 듯하다.

한국의 경영자들에게

오늘 이렇게 유명하신 한국의 경영자들이 많이 참석해 주신 데 대해 감동을 받았습니다. 저와 GE는 대단한 영광이라고 생각합니다.

오늘 이 자리에서 여러분들과 함께 몇 가지 이야기를 나누고자 합니다만, 여러분들이 가지고 계신 생각에 대해서 답변을 해 드리는 것이 오히려 단순히 연설을 하는 것보다 훨씬 도움이 될 것 같습니다.

제가 이렇게 코멘트를 하기 전에 전제를 두어야 할 것이 하나 있습니다. 벌써 한 20년 정도 GE의 회장직을 맡고 있습니다만 사실 실수를 여러 번 했습니다.

그러니까 오늘 제가 여러분께 지혜의 말씀인 것처럼, 지혜의 진주와 같은 말씀을 드리는 것 같지만 사실 제가 보통 애기를 할 때에는 칠흑같이 어두운 길에서 그저 눈 감고 이것저것 헤집어 보다가 답변이 나온 그런 식의 제 경험을 듣는다고 생각을 해 주시기 바랍니다.

아무쪼록 제 답변이 여러분의 궁금증을 풀어 드릴 수 있기를 바랍니다.

타운미팅

제가 생각할 때는 기업경영에 있어서 중점을 두어야 할 두 가지 중요한 원칙이 있습니다.

첫 번째 원칙은 아주 단순합니다.

모든 직원들이 함께 참여하고 책임을 져야 한다는 것입니다. 즉, 모든 직원(everyone), 기업 내 모든 직원의 머리를 이용해야 한다는 것입니다. 그러나 대기업들은 관료주의를 많이 만들고 있습니다. 그래서 경영의 계층들이 여러 개가 생기고, 또 상사가 많이 있는 것이 특징입니다. 그러나 보통 직원들의 팔과 다리는 열심히 쓰지만 직원들의 머리는 사용하지 않고 있습니다.

GE에서는 4년을 투자해서 타운미팅이라는 직원회의를 많이 합니다. 전사적으로 직원 모두가 참여를 해서 그들의 아이디어를 모으는 일을 했습니다. 처음에는 직원들이 좀 이상하게 생각을 했습니다. 또 별 관심을 갖지 않았습니다.

하지만 이러한 타운미팅의 규칙을 만들어서 외부 인사가 진두지휘를 하도록 하고, 상사들은 며칠간의 회의가 끝난 뒤에야 나중에 초대를 받아서 회의장에 옵니다. 이때 모든 직원들의 머리에서 나온 아이디어를 모두 벽에 붙인 후 상사들은 채택된 제안에 대해서 적어도 75퍼센트 이상은 그 자리에서 '예스, 노'를 즉시 답변을 해 주어야 합니다. 그리고 나머지 25퍼센트에 대해서도 한 달 안에 답변을 해야 하는데 처음에는 이것이 제대로 잘 작동이 되지 않았습니다.

직원들은 "내 팔과 다리를 쓰려고, 나를 뽑으신 거 아닙니까? 그러다 보면 두뇌는 그냥 공짜로 쓰실 수 있는 거지요"라고 말하곤 했습니다. 그러나 타운미팅이 거듭되고 시간이 지나면서 궁극적으로 회사에서 직원들의 두뇌에도 관심을 가지고 있다는 사실을 알았습니다. 그 결과 더욱 더 많은 아이디어가 활용되고, 생산성이 올라가서 회사의 수준이 높아질 수 있었습니다.

그러니까 모든 직원을 함께 참여시키는 아주 간단하고 단순하게 보이는 일부터 시작이 되었습니다. 그러나 기업에게는 이러한 것이 대단히 중요한 일입니다. 어떠한 도구를 사용하든지 좋습니다만, 전사적인 두뇌를 사용하도록 하는 것이 중요합니다. 이것이 바로 첫 번째 원칙입니다.

학습조직

두 번째 원칙은 기업은 학습조직(Learning Organization)이어야 한다는 것입니다.

조직이 학습할 수 있는 능력, 그리고 이 학습을 이전시켜서 신속하게 행동으로 옮길 수 있는 능력이 무엇보다도 경쟁적인 우위를 갖게 합니다.

GE는 자체 내에서 발명한 것이 별로 없습니다. 우선 6시그마의 경우는 모토로라사에서 빌려 쓰는 것이고, 자산관리테크닉(Asset Management Techniques)은 도요타(Toyota)사에서 배워 온 것입니다. 또한 신제품 출시 프로세스(New Product Introduction Idea)는 휴렛패커드(Hewlett Packard)사에서 발명된 것을 쓰고 있습니다.

그러나 GE가 이렇게 자랑하고 싶어 하는 것은 GE는 새로운 아이디어에 대해 항상 개방돼 있다는 사실입니다. 그래서 어디서부터 나왔든지 필요하다면 아이디어를 쓸 수 있는 장점을 가지고 있다는 점입니다.

GE는 한 가지 사실을 알고 있습니다. 좀 더 나은 일을 하는 방법을 매일매일 찾고 있다는 것입니다. 그러니까 더 나은 방법으로 일할 수 있다면 그것을 찾는다. 즉, 매일 아침 일어나 어제와 다른 무엇인가 좀 더 나은 방법을 찾는 것, 그것이 바로 오늘 일하는 목적입니다. 그 아이디어가 어디에서 왔는지는 상관이 없습니다.

그렇다면 이러한 아이디어를 조직 안에서 제대로 활용하게 하기 위해서는 기업의 가치관을 제대로 설정해야만 이러한 행동을 추구할 수 있습니다.

세 가지 가치관

GE의 경우에서는 세 가지 가치관을 통해서 이러한 학습조직화를 할 수 있었습니다.

첫 번째 가치관은 벽 없는 행동(boundaryless behavior)입니다.

　이 가치관은 부장이든 부사장이든 아니면 작업장에 일하는 직원이든, 내부에 있든 외부에 있든 좀 더 나은 아이디어가 어디에서 오든지 상관이 없습니다. '벽 없는 조직'에는 위계는 상관이 없습니다. 여러분의 어깨에 달린 계급이 무엇이냐 이런 것들은 전혀 아이디어의 품질을 보증해 주는 것이 아닙니다. GE는 그것을 믿습니다.

　무엇보다도 두 번째 가치관은 속도, 즉 스피드(speed)입니다. 아! 스피드를 한국 청중들 앞에서 강조할 필요는 없죠. 스피드를 가지고 있는 민족이기 때문입니다. 하지만 스피드를 가치로서 추구하는 것은 전혀 다른 문제이며, 대단히 필수적인 일입니다. 여러분은 인생에서 "6개월만 더 있었으면 얼마나 좋을까?"라고 그런 생각을 하시겠지만, '어디 6개월이 더 있습니까?' 결국 추진하고자 하는 속도가 매우 중요한 것입니다.

　세 번째 가치관에 대해 말씀 드리겠습니다. 이것은 여러분들에게 잘 통역이 돼서 전달됐으면 하는데요, 스트레치(stretch)라는 가치관입니다.

　여러분들 중에서 예산이라고 하는 것을 세워 놓고 일하는 분들 손들어 보십시오. 네, 다른 분들은 예산을 쓰시지 않는 분들인가 보네요. 아니 예산집행 안 하시는 나라는 한국뿐인 것 같습니다.

　제가 왜 예산을 쓰느냐 안 쓰느냐를 물어봤나 하면 사업을 하는데 있어서 가장 바보 같은 일이 바로 예산 책정입니다. 이러한 것을 미리 설정해 놓는 것, 이것이야 말로 인간의 발명품

중에서 가장 최악이라고 생각합니다. 이건 아마 서구에서 발명이 돼서 동양으로 흘러들어 왔을 것입니다. 여기서 제가 예산이라고 하는 것에 대해서 한국에서는 어떤 식으로 쓰는지 모르겠지만 대부분의 국가에서는 경영을 하려면 예산이 마련돼 있습니다. 그러니까 기업마다 목표가 설정이 돼 있는 것이지요.

저쪽에 지금 패널로 앉아 계신 토론자들을 상사라고 생각을 하시고 저는 어떤 사업부장을 맡고 있다고 가정해 봅시다.

그래서 제가 사업 부서장으로서 저희 사업부의 예산을 설정합니다. 그러면 저희 팀과 저는 한 달 동안 토론을 하고 준비를 해서 경기가 이만큼 나쁘고, 경쟁 상황도 어렵고, 이쪽 부문은 좀 난조가 예상되고, 환율이 강세로 돌아설 것 같아 수출도 어렵고 등등의 멋진 보고서를 만들고 그것들을 설명하는 슬라이드들도 제시합니다.

그래서 저기 계시는 상사들에게 보고할 준비를 하는 것입니다. 그리고는 회의장으로 들어갑니다. 사방이 벽으로 둘러싸인 방에서 모두 정장을 하고 있고, 고객이나 경쟁자도 없는 그런 폐쇄된 장소입니다. 그곳에서 하는 일이 결국 무엇이냐, 이 회의에 가서 우리 부서의 예산에 대해 승인을 받는 것입니다. 우리 부서에서 한 달간 밤을 새워 가면서 제시할 수 있는 두 개를 준비한 것입니다.

그러면 상사들은 와서 목표를 네 개로 잡아라, 그리고 네 개를 달성하도록 요구합니다. 그러니까 하루 종일 방 안에서

미팅을 하면서 부장인 저는 계속 슬라이드를 보여 주면서 얼마나 이것이 달성하기가 어려운가를 얘기를 하고요. 그러면 상사들은 '더해라, 더해라' 하고 압박을 가합니다. 결국 회의를 마칠 때 '그럼 셋만 하자'라고 셋이라는 목표를 정하는 것입니다.

그러니까 결국 고객도 없고, 경쟁사도 없는 상태에서 내부 직원들끼리 몇 개 할 것인지를 서로 다투면서 연습을 하는 것에 불과합니다. 그래서 보통 직원들은 목표 설정을 최소화하려고 합니다. 왜냐하면 가능하면 조금만 하자는 것이 궁극적인 목표가 돼야 하기 때문입니다.

이런 일이 왜 발생할까요? 수년 동안 이런 일을 반복하면서 깨달은 것인데 만약 이와 같은 예산을 승인하고 최소한의 목표달성을 하고 나면 칭찬을 받고 보상을 받습니다. 만약 목표달성을 하지 못했다면 아마 눈에 막대기를 넣는 고통이나 더한 일을 당할 것입니다. 보상체계 자체도 이런 목표와 예산에 맞춰져 있기 때문입니다.

그렇기 때문에 더 이상의 목표달성을 위한 노력이라든지, 꿈을 이루려는 행동은 전혀 없습니다. 다만 가능한 한 최소한의 목표를 세우고 최소한의 노력을 하는 것이 현명해 보일 뿐입니다.

네 종류의 관리자

자, 그렇다면 이러한 '스피드'와 '스트레치'를 가지고 '벽 없는 행동'을 할 수 있도록, 또한 이것이 가치관으로 정착시키기 위해서는 기업에서는 관리자들을 특정한 방식으로 볼 필요가 있습니다.

관리자를 결정하는 데 있어서 달러든지 원화든지 수치로 나타난 결과를 봐야 하고, 또한 그들이 가지고 있는 가치관을 볼 수 있어야 합니다. 모든 조직 기업에는 네 종류의 관리자가 있습니다.

첫 번째 종류는 수치상 목표 달성도 하면서도 기업이 추구하는 가치관을 제대로 지니고 있는 관리자입니다. 아주 간단하죠. 이런 사람은 승진을 시키면 됩니다.

두 번째 종류는 목표달성도 못하고 또 가치관도 가지고 있는 않은 관리자입니다. 이런 종류에 대해서도 간단합니다. 해고하면 됩니다.

세 번째 종류는 조직의 가치관을 지니고 있고 노력도 하지만 수치상 목표달성을 하지 못하는 관리자를 말합니다. 이런 관리자들에게는 두 번, 세 번 기회를 주어야 됩니다. 그래야 이 조직의 가치관을 계속적으로 추진시켜 나갈 수 있는 것입니다.

그러나 지금 한국에서의 문제는 미국에서와 마찬가지로 네 번째 종류의 관리자들이 많다는 점입니다. 그러니까 네 번째 종류의 관리자들은 목표달성은 합니다. 숫자는 채우고 있지만 조직의 가치는 지니고 있지 않은 사람들입니다. 어떻게 해서든지 조직에 더 압박을 가해서 달성을 하기는 합니다.

이런 사람들을 영어로 하면 '말 궁둥이(the horse's ass)'라고 하는데요. 부하 직원들에게 계속 채찍질만 가하면서 '해라, 해라' 하는 보스형입니다. 이런 사람들이 많으면 조직의 행동이 결코 바뀌지 않습니다.

조직이 말로 전하는 가치관에 대해 믿어야 하는데, 이러한 것을 믿으라 하면서도 조직의 성과 책정은 가치 측정과 상관없이 이루어진다면 결코 조직은 변화되지 않습니다.

조직의 모든 직원들이 학습하는 조직의 일원이 돼야 하고 가치관을 설정을 해야 합니다.

민첩성

그렇다면 기업이 가져야 할 다른 측면에 대하여 말씀 드리겠습니다. 한국 기업들의 경우 아주 잘 하고 있다고 생각합니다. 바로 민첩성(agility)입니다.

어떤 의미냐 하면 변화에 빨리 대응할 수 있는 것을 말합니다. 그러니까 변화를 예측하기보다는 변화에 대응을 잘 하는 것을 말합니다. 왜냐하면 항상 변화를 예측은 하지만 언제나 예측할 수 있다고 장담할 수는 없는 것이기 때문입니다. 저 또한 마찬가지입니다.

제가 회장이 되었을 때인 1980년대 상황을 잠깐 생각해 보겠습니다. 석유가 배럴당 35달러였습니다. 그때의 가정은 100달러까지도 올라갈 수 있다고 했습니다. 또 미국 인플레이션이 17퍼센트에 달했습니다. 따라서 모든 사업계획은 두 자리 숫자의 인플레이션을 가정하고 세웠습니다.

　미국의 산업들은 거의 죽음으로 헤매고 있었습니다. 미국에서는 일본의 기업들이 승자로 판정이 나 있었습니다. 그래서 글로벌 기업들에게 있어서는 이것이 1980년대 환경이었습니다.

　그런데 오늘 이 자리에 참석해 주신 분들 중 2년 반 전에 아시아에 닥칠 경제위기를, 또 금융위기가 올 것이라고 아셨던 분들이 있으셨습니까? 예측하셨던 분들은 손 한 번 들어보십시오. 네. 손이 많이 올라가지 않죠. 사실이 그렇습니다. 이러한 변화를 예측할 수 없습니다. 대부분은 예측을 할 수 없고, 결국 변화가 생겼을 때 대응을 해야 합니다.

　1990년대 초 많은 기업들이 유럽을 포기했을 때 저희는 유럽에 진출했습니다. 또 1990년대 중반에 모든 사람들이 멕시코를 다 포기하고 있을 때 저희들은 멕시코에 진출했습니다. 특히 모든 이들이 일본은 끝났다고 하는 가운데도 저희는 과감하게 지난해에 아시아시장에 진출했습니다.

　중요한 것은 이렇게 한국처럼 에너지가 풍부한 한국문화에서 무엇보다도 변화가 빨리 진행돼야 합니다. 이 위기에 빨리 대응을 함으로써 여러분들은 더욱 빨리 올라갈 수 있습니다.

　뒤처진 많은 사람들이 앉아서 걱정만 하고 있는 사이에도 여러분들은 친숙하게 대응을 해서 여러분 핏속에 있는 스피드, 속도감을 활용을 하셔서 이익을 취할 수 있기를 진심으로 바랍니다.

　이것이 바로 여러분들이 가지고 있는 장점입니다.

이번에는 기업의 규모에 대하여 말씀을 드리고자 합니다. 중소기업에서 오신 분들도 계시겠죠. 중소기업에 계신 분들은 장점이 많습니다. 중소기업이기 때문에 의사소통이 더 빠르고 신속하게 움직일 수 있는 엄청난 장점이 있습니다.

대기업은 느립니다. 그러나 대기업은 한 가지 장점이 있습니다. 기업이 크기 때문에 여러 가지 실패나 모험을 경험할 수 있습니다. 그러니까 필드에 나가서 많은 시도를 해 볼 수 있는 장점이 있습니다. 그래서 실수를 한 개, 두 개, 심지어는 열 개 정도 해도 대기업에는 큰 문제가 되지 않습니다. 왜냐하면 규모 자체만으로도 버틸 수 있기 때문입니다.

GE는 작년에 108개의 기업인수를 단행했습니다. 올해에는 최근 90일 동안에 벌써 64개의 기업을 인수했습니다. 이렇게 인수한 곳에 대해 완벽한 솔루션이라고 보고가 되었습니다만 앞으로 어떻게 진행이 될지는 아무도 모릅니다.

어떤 인수는 완전히 실패로 끝나는 경우도 많이 있습니다. 그러나 이 실패로 끝났다는 것이 중요한 것이 아닙니다.

중요한 것은 GE가 이렇게 해서 움직이고 있다, 베팅은 계속 된다는 데 있습니다. 계속 기회를 찾고, 인수를 하고, 그리고 일을 한다는 것이 큰 기업에게 있어서 장점입니다.

하지만 중소기업은 스피드보트(Speed Boat)와 같습니다. 무엇이든지 할 수 있습니다. 바로 스피드보트처럼 빠르게 움직인다면 대기업에 도전할 수도 있습니다.

대기업이 중소기업에게 배워야 할 점입니다. 중소기업처럼 빠르게 변할 수 있도록 계속 시도를 해야 합니다.

1980년대 미국의 많은 대기업들이 실패를 했습니다. 자신의 규모만으로 운영하려고 했던 대기업들, 관료주의로 운영되었던 대기업들, 외부적으로 멋진 사업구조를 가지고 있었던 대기업들이 결국 도산을 했습니다.

규모를 활용하는 것과 관료주의로 남겨 둔 것에는 큰 차이점이 있습니다. 관료주의는 많은 대기업들을 도산하게 만들었습니다.

관리자의 4E

마지막으로 말씀 드릴 부분은 사람에 대한 얘기입니다.

한국은 이 부분에 있어서 엄청난 장점을 가지고 있습니다. 높은 교육수준을 가졌을 뿐만 아니라 엄청난 에너지 그리고 밖을 내다볼 의지를 가지고 있는 것이 바로 한국 사람들입니다.

미국인에 의해 운영되는 한국 회사를, 프랑스인이 관리하는 한국 회사를 쉽게 볼 수 있습니다. 개방된 조직문화를 가지고 있다는 증거입니다. 이러한 개방성은 다른 나라에 비해 엄청난 우위를 가집니다.

많은 아시아 기업들은 어디에 진출을 하든지 아시아 사람들을 관리자로 임명합니다. 그러나 한국 기업들은 다른 아시아 국가들에 비해 더 많이 개방이 돼 있고 관리자들 또한 충분한 에너지를 가지고 있는 장점이 있습니다.

이제 관리자에게 필요한 E자 네 개(4E)에 대해서 설명을 하겠습니다.

첫 번째 E는 '에너지(Energy)'로 글로벌로 어디로 진출할 수 있든지간에, 인터넷으로 진출을 하든지간에 새로운 세상에 진출할 때 여기에는 엄청난 에너지가 포함돼 있는 것입니다. 여러분들은 이것을 충분히 가지고 있다고 판단됩니다. 에너지는 관리자에게 매우 중요한 요소입니다.

그러나 두 번째 E인 '에너자이즈(Energize)'도 중요합니다. 관리자는 직원들에게 에너지를 넣어 줄 수 있는 능력을 가지고 있어야 합니다. 관리자 자신이 더 많은 에너지를 가지고 있다고 할지라도 직원들이 꿈을 달성할 수 있도록 해 줘야 합니다.

즉, 직원들에게 역량을 강화시켜 주고 권한을 위임해 주고 다른 사람들의 꿈을 달성할 수 있도록 힘을 주는 것이 좋습니다. 관리자의 역할은 바로 그런 것이라고 저는 생각합니다.

또 한 가지는 이 부분이 제대로 통역이 됐으면 하는데요. 관리자의 역할은 한 손에는 비료를 들고 또 한 손에는 물통을 들고 있는 사람입니다. 그래서 직원들을 꽃이라고, 식물이라고 생각해야 합니다. 그리고 이 꽃에, 식물에 물을 주고 비료를 주는 것이 바로 관리자의 역할입니다.

잘 자라는 꽃은 하늘로 뻗치면서 꽃을 피울 것입니다. 아무리 비료를 줘도 잘 자라지 않는 꽃은 정원에서 잘라 내고 그 자리에 새로운 꽃씨를 심어야 합니다. 그리고 또 비료와 물을 새로운 꽃씨에 줘야 합니다. 그것이 바로 관리자의 일입니다.

GE에서는 이렇게 직원들에게 에너지를 주고 꽃을 만발하면 보상을 충분히 해 줄 수 있는 이런 힘 있는 조직이 없으면 아무것도 할 수 없습니다.

세 번째 E는 '에지(Edge)'입니다. 이것은 단호함 혹은 결단력이라고 하는데 한국인에게는 충분히 있다고 봅니다. "예스" 아니면 "노"를 분명하게 얘기하고, "글쎄"라는 말은 하지 말아야 합니다.

많은 조직에 있어서 갑자기 앉아서 생각만 하면서 시간을 보내는 그런 경우가 많습니다. 그래서 "다음 주에 다시 한번 검토해 봅시다"라고 합니다. 아니면 그 다음 주에 "또 다시 한번 검토해 봅시다" 이렇게 얘기하곤 합니다. 이러한 경우에 "예스" 아니면 "노"로 분명하게 얘기하는 것이 매우 중요합니다.

네 번째 E는 '엑시큐트(Execute)'입니다. 실행하는 것입니다. 에너지가 있고 또 직원들에게 에너지를 넣어 줄 수 있는 능력이 있고, 단호한 결단력을 지니고 있다고 할지라도 이것을 실행에 옮길 수 있는 능력이 없다면 성공으로 갈 수 없습니다. 실행을 해야만 결과를 얻을 수 있습니다.

GE에서 적어도 이러한 가치관에 대해서 벽 없는 조직, 스피드, 스트레치 그리고 4E 정도는 모든 관리자들이 공유해야 한다는 사실입니다.

보상체계

무엇보다 중요한 것은 가치관에 관련돼 여러분들의 보상

체계가 바로 직원들의 행동과 연계가 돼 있어야 한다는 점입니다.

기업에 있어서 모든 문제는 바로 보상체계가 정렬이 돼 있지 않을 때 발생됩니다. 즉, 직원들에게 바라는 가장 바람직한 행동양식과 보상체계가 연결돼 있지 않을 때 나타납니다. 대부분 실패한 보상은 회사에서 바라지 않았던 행동에 대해서도 보상을 해 주면서 비롯됩니다.

GE에 있어서는 보상을 할 때 그 결과에 의해서 보상을 하면서도 보상체계 자체가 영구적인 시스템이 아니라는 점을 강조합니다. 보상체계 자체는 융통성이 있어야 합니다.

따라서 보상체계 그것은 삼성에서 왔든, 대우에서 왔든, 현대에서 왔든 아니면 다른 어느 곳에서 왔든 상관없이 영구적이어서는 안 됩니다.

또한 조직 내에서 원하는 행동이 나타날 때 보상하는 그런 체계여야 합니다. 그래서 그 행동이 반영된 보상체계여야 합니다.

GE에서는 벽 없는 행동을 했을 경우, 또한 다른 사람들의 아이디어를 빌려서라도 새로운 아이디어를 찾았을 경우 보상을 합니다. 이것이 새로운 아이디어를 모색하고 찾는 행동을 낳게 합니다.

단순히 아이디어를 가지고 있는 사람은 보상하지 않습니다. 최고의 아이디어를 찾는 사람을 위해 만들어진 보상체계입니다. 이러한 보상체계는 기업에서 원하는 행동과 바로 연결돼야 합니다.

오늘 저는 여러분이 회사로 돌아가서 여러분의 보상체계는 어떻게 돼 있는지 다시 한 번 생각해 볼 수 있도록 도움을 드렸습니다.

GE 직원들은 어떤 꿈이든지 그들이 원하는 꿈에 도달하고 스트레치 하는 것에 목표를 두고 있습니다. 직원들을 번영과 희망으로 이끌 수 있도록 하는 것이 바로 여러분들이 해야 할 일입니다.

여러분의 도전 과제는 열차를 탄 모든 직원들이 꿈이라는 종착역에 내릴 수 있도록 도와주는 일입니다. 여러분 잊지 마시기 바랍니다.

나오며

잭 웰치의 경영은 사람이 전부라 해도 과언이 아니다.

취임 초기였던 1980년대 내내 '고쳐라, 매각하라, 아니면 폐쇄하라'라는 슬로건을 외쳤고, 1980년대 후반 관료주의를 철폐하기 위해 워크아웃 타운미팅을 통해 일하는 방법을 새롭게 규정했다. 1990년대로 접어들면서 벽 없는 조직을 기업의 가치로 삼아 조직은 학습하기 시작했고, 지식은 새로운 창조를 낳았다. 그 중심에는 GE의 인재양성을 주도한 잭 웰치 리더십개발센터가 있었다.

21세기로 접어들면서 퇴임을 앞둔 잭 웰치는 4가지 주요 전략을 제시하면서 인재의 중요성을 더더욱 강조했다. 첫째 세계화 전략은 바로 인적 자산의 세계화를 의미했고, 둘째 서비스 전략은 지식과 학습을 통해서 창출됐다. 셋째 6시그마 전략은 모든 직원을 6시그마 벨트의 보유자로 변화시켰고, 넷째 이비즈니스는 빠르게 대처할 수 있는 변화 리더들의 몫이었다.

잭 웰치가 위기에서 성공할 수 있었던 가장 중요한 원칙은 바로 조직 가치를 제시하고 인재 육성과 인사관리를 연계시켰기 때문이다. 20년이 넘는 잭 웰치의 일관된 구조조정과 강력한 가치 추진은 위기경영 인사관리 덕분이었으며, 이를 주도할 핵심인재들을 양성하고 성과에 대한 보상을 마음껏 누리도록 해 주었기 때문이었다.

목표를 보다 높이 잡고 자신감을 갖고 도전하는 잭 웰치는 경영자들뿐만 아니라 꿈을 가지고 있는 모든 이에게 귀감이 되는 인물이다. 성과에 대한 보상에 있어서도 바람직한 행동을 유발하도록 하는 데만 보상을 해 주었기에 행동을 변화시킬 수 있었다. 기업에서뿐 아니라 모든 사람들에게 행동에 대한 보상을 어떻게 해 주어야 하는지 알려 준 지혜이기도 하다.

잭 웰치는 언제나 사람을 핵심에 두고 사람에 의한 가치창조와 사람을 위한 전략을 수행했다. 우리의 모든 지식과 태도와 실행에 있어서 사람이 중심이 돼야 하며 성과에 대해서도 바로 그 사람을 보상해 줘야 함을 일깨워 줬다. 이 점이 잭 웰치가 우리에게 알려 주는 중요한 가치다.

┌─ 잭 웰치

초판인쇄 2009년 1월 22일 | 초판발행 2009년 1월 30일
지은이 하정필
펴낸이 심만수 | 펴낸곳 (주)살림출판사
출판등록 1989년 11월 1일 제9-210호

주소 413-756 경기도 파주시 교하읍 문발리 파주출판도시 522-2
전화번호 영업 · (031)955-1350   기획편집 · (031)955-1357
팩스 (031)955-1355
이메일 book@sallimbooks.com
홈페이지 http://www.sallimbooks.com

ISBN 978-89-522-1081-4 04080
     89-522-0096-9 04080 (세트)

* 잘못된 책은 구입하신 서점에서 바꾸어 드립니다.
* 저자와의 협의에 의해 인지를 생략합니다.

책임편집·교정 성회엽

값 9,800원